WAS WÄRE GIN OHNE TONIC

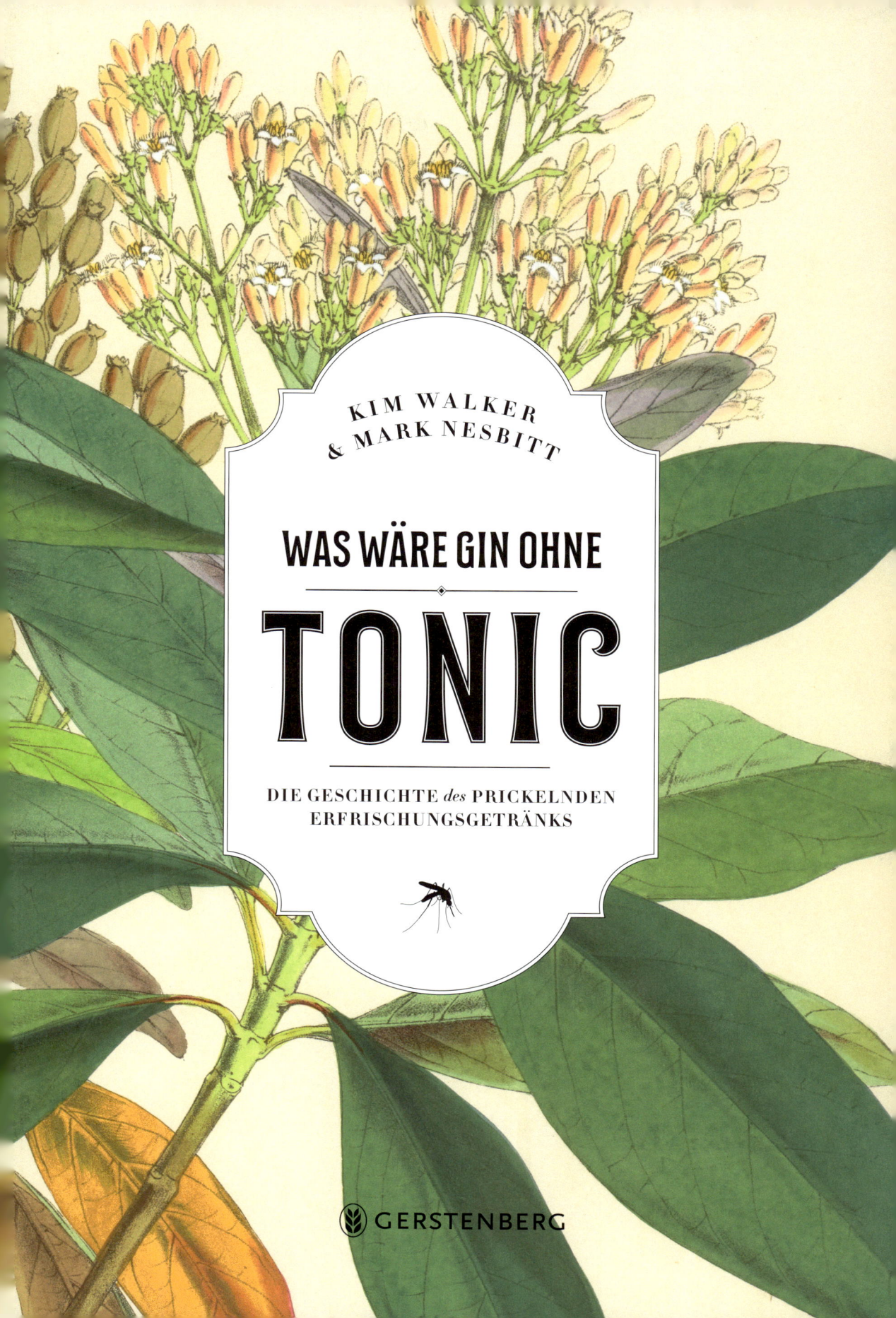

KIM WALKER
& MARK NESBITT

WAS WÄRE GIN OHNE

TONIC

DIE GESCHICHTE *des* PRICKELNDEN
ERFRISCHUNGSGETRÄNKS

GERSTENBERG

Winner of the Fortnum & Mason Food & Drink awards 2020
for Debut Drink Book

Der Originaltitel *Just the Tonic: A Natural History of Tonic Water*
erschien 2019 bei

Royal Botanic Gardens, Kew, Richmond, Surrey, TW9 3AB, UK

www.kew.org

Design und Layout: Ocky Murray
Projektmanager: Lydia White

Aus dem Englischen von Anke Wagner-Wolff

1. Auflage 2020

Deutsche Ausgabe Copyright © 2020 Gerstenberg Verlag, Hildesheim

Alle Rechte vorbehalten

Satz und Redaktion: twinbooks, München

Druck und Bindung: Livonia, Riga

Printed in Latvia

www.gerstenberg-verlag.de

ISBN 978-3-8369-2172-5

Titelbild: *Cinchona calisaya*, Allard Pierson, Universität von Amsterdam

INHALT

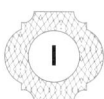

EINLEITUNG

Tonic Water, das sprudelnde Nass mit dem erfrischend bitteren Aroma, kennt man heute als unverzichtbaren Bestandteil des Gin Tonic, der in städtischen Szene-Bars ebenso geschätzt wird wie in ländlichen Kneipen. Spritzigkeit und Geschmack erinnern an seine medizinische Herkunft und wie so oft bei durch und durch britisch anmutenden Ingredienzien liegen seine Wurzeln weit entfernt: an den Osthängen der Anden, in den Plantagen Indiens und Indonesiens und in den Heilbädern Europas. Seine komplexe Geschichte umfasst die bitteren, gegen Malaria wirkenden Chinin-Extrakte der lateinamerikanischen Chinarinde ebenso wie das kohlensäurehaltige Wasser, das in Europa als »Gesundheitsrunk« galt.

Es ist kaum verwunderlich, dass eine so umfassende Geschichte von vielen Legenden umrankt ist, von denen einige einfach zu gut sind, um wahr sein zu können. Dieses Buch bedient sich vieler Originalquellen, von den umfangreichen Archiven der Royal Botanic Gardens in Kew (London) bis zu kürzlich digitalisierten Zeitungen aus dem ehemaligen britischen Kolonialreich. Die Erfindung des Tonic Waters erscheint dabei im Kontext vieler bedeutender Ereignisse der letzten 500 Jahre. Diese reichen von der spanischen Eroberung Südamerikas und der Entdeckung der Chinarinde als eines der wenigen wirksamen Malariamittel bis hin zur illegalen Ausfuhr peruanischer Chinarindenbäume und ihrer Kultivierung in asiatischen Plantagen. Zur Geschichte des Tonic Waters gehört jedoch auch die Verwendung von Alkohol und (später) kohlensäurehaltigem Wasser, um das Chinin schmackhafter zu machen, sowie die Er-

findung des Gin Tonics und der Aufstieg, der Fall und das Revival des Tonic Waters im 20. Jahrhundert.

Bei ihrer Erforschung der Nutzung und Geschichte von Pflanzen der Royal Botanic Gardens in Kew stützten sich die Autoren auf deren umfangreiche wirtschaftsbotanische Sammlung inklusive botanischer Bibliothek und Kunstsammlung. Zu den 100.000 wirtschaftsbotanischen Stücken der Sammlung zählen etwa 1000 Bündel Chinarinde. Sie standen am Ausgangspunkt ihrer Recherchen zur Geschichte des Chinins und des Tonic Waters. Die Chinarindenbündel stammen aus der Zeit zwischen den 1780er- und den 1930er-Jahren – ein Zeitraum, in dem westliche Forscher und Wissenschaftler wichtige Erkenntnisse über die Chinarinde erlangten.

Bei jedem Glas Tonic Water werden wir an die Geschichte seines Hauptbestandteils Chinin sowie an die des Gins, seines beliebtesten Mixpartners, erinnert. Sowohl Chinin als auch Gin sind Themen, über die schon viel geschrieben wurde. In diesem Buch wurde der Fokus daher bewusst auf Tonic Water gelegt, um so die Entstehung eines zu ausufernden Bandes zu vermeiden. Wir hoffen, dass auch Sie an dieses Stückchen Weltgeschichte denken, das in jeder Flasche Tonic Water steckt, wenn Sie sich das nächste Glas einschenken.

Malaria ist auch heute noch eine Krankheit, die einen tödlichen Verlauf nehmen kann. In Anerkennung der einstigen Bedeutung von Chinin für die Medizin spenden einige Tonic- und Gin-Produzenten deshalb heute einen Teil ihrer Gewinne der Malariaforschung. Dies ist ein pragmatischer Weg im Umgang mit einer wechselvollen und nicht immer rühmlichen Ge-

Florales Zierelement, *Dr. Warren's epistle to his friend, of the method and manner of curing the late raging fevers* (1733), Wellcome Collection

schichte. Um kein geschöntes Bild der Vergangenheit zu vermitteln, haben auch wir uns bei unserer Darstellung neuester wissenschaftlicher Erkenntnisse bedient.

Der erste Teil des Buches erzählt die Geschichte des Chinins und der Malaria. Dabei geht es auch um den Erfolg, den die Hauptzutat von Tonic Water bei der Behandlung dieser weltweit verbreiteten Krankheit hatte. Im zweiten Teil kommt kohlensäurehaltiges Wasser mit ins Spiel: Mit Chinin gemischt, ergibt es Tonic Water, das meist mit Zitrone und Eis serviert wird. Der dritte Teil behandelt die Geschichte des Gins – der letzten Komponente, die noch für das Kultgetränk Gin Tonic fehlt.

In diesem Buch kommen aber auch bizarre und ungewöhnliche Geschichten nicht zu kurz. Dennoch verlässt es nie die Basis verlässlicher Quellen und behandelt auch einige ernste Themen. Hierzu gehören z. B. die Auswirkungen von Malaria und Kolonialismus in der Vergangenheit bis in die Gegenwart. Eine so umfassende Darstellung kommt natürlich nicht ohne die Vorarbeit zahlreicher Historiker aus, deren Titel in den Literaturhinweisen zu finden sind.

Heutzutage erfreut sich Tonic Water einer großen Beliebtheit. Das Angebot umfasst Dutzende von Premium-Marken, die häufig mit historischen Bezügen beworben werden. Höchste Zeit also, einen näheren Blick auf die faszinierende Geschichte zu werfen, die in jedem Schluck Tonic Water steckt!

DANKSAGUNG

Die Autoren danken: Gina Fullerlove, Georgina Hills, Michelle Payne und Lydia White von Kew Publishing; Ocky Murray für das gelungene Design; Kevin Law-Smith und Jamie He von East Imperial; Toby Sims und Matthew McGivern von der London Distillery; Emily Danby für die Übersetzung aus dem Französischen; Jonathan Ray für die Rezeptberatung sowie Jim Meehan, Kate Teltscher, Helen und William Bynum, Jonathan Drori, Jason Irving, Felix Driver, Alison Foster, Nataly Canales, Nina Rønsted, Gerard Thijsse, Stuart Anderson, Melanie-Jayne Howes und Briony Hudson für ihre textlichen Anmerkungen. Großer Dank gilt auch Harriet Gendall für das Testen der Cocktailrezepte. Wir danken außerdem dem Arts and Humanities Research Council und der TECHNE Doctoral Training Partnership für ihre Unterstützung der Forschungsarbeit von Kim Walker und dem Wellcome Trust für die finanzielle Förderung der Kuration der *Cinchona*-Sammlung von Kew. Die Verantwortung für eventuelle Fehler liegt allein bei den Autoren.

QUINQUINA GRIS,

Cinchona Condaminea, Humb.

TEIL I

DER BAUM HINTER DEM TONIC

EINE
NATURGESCHICHTE
DES TONIC WATERS

PLATE 3.

Fig. 18.

Fig. 21.

Fig. 22.

Fig. 25.

Fig. 19.

Fig. 23.

Fig. 27.

Fig. 24.

Fig. 20.

Fig. 28.

Fig. 29.

Fig. 30.

Fig. 31.

Fig. 32.

Fig. 33.

Fig. 26.

Fig. 37.

Fig. 34.

Fig. 35.

Fig. 39.

Fig. 36.

Fig. 38.

Fig. 40.

Fig. 41.

Fig. 42.

Fig. 43.

Fig. 44.

Cascarilla con Hojas de Roble.

Cascarilla (Pata de Gallinazo) Chahuarhuia.

Cascarilla Pallou.

Cascarilla negrilla.

Cascarilla crespilla de Jaen.

Cascarilla crespilla Oxa. Peru.

Cascarilla (Chahuahua Jaen.

Quina fina de Urtusinga.

Quina roja d' Mutis.

All magnified 50 diameters, except where otherwise marked.

I.

CINCHONA

DER HEILKRÄFTIGE CHINARINDENBAUM

Der französische Apotheker Auguste Delondre bekam 1847 in den peruanischen Anden erstmals einen Chinarindenbaum zu Gesicht. Hierzu notierte er später: *»Dieser prächtige Baum! So lange war er mir im Traum erschienen und nun stand er vor mir. Ich verweilte entzückt und betrachtete die silbrige Rinde, das schimmernde Grün der breiten Blätter und die Blüten, deren süßer Duft ein wenig an Flieder erinnert.«* Der Chinarindenbaum ist in der Tat eine attraktive Pflanze. In Delondres begeisterter Reaktion klingen aber auch die Faszination der Wissenschaft für diesen Baum und seine geheimnisvolle Herkunft sowie die historische Bedeutung der Chinarinde für die Medizin an.

Chinarinde enthält Chininverbindungen, die sich bei der Behandlung von Malaria als äußerst wirksam erwiesen haben. Eine davon ist für den bitteren Geschmack von Tonic Water und Bitter Lemon verantwortlich. Identifiziert wurden die Wirkstoffe erst 1820, und bis der Malariaerreger entdeckt wurde, vergingen weitere 60 Jahre. Die meisten westlichen Apotheker und Botaniker kannten Chinarinde lange nur

Gegenüber: Mikroskopische Studien zu Chinarinden und deren Keimlingen von Walter Hood Fitch aus: *Illustrations of the Nueva Quinologia of Pavon*, J. E. Howard (1862)

Vorherige Seite: Habitus, Rinde, Blüte und Früchte des Gelben Chinarindenbaums *(Cinchona officinalis)*. Händler und Botaniker sprachen je nach Erscheinungsbild und Chiningehalt von grauer, weißer, gelber oder roter Rinde. *Le Règne Végétal: Flore médicale*, Oscar Réveil (Paris, 1872), Florilegius/Alamy Stock Photo

»Das Herz der Anden«, Frederic Edwin
Church (1859), basierend auf Skizzen von
seinen zwei Jahre zuvor erfolgten Reisen
durch Ecuador. Metropolitan Museum of Art

THE CHINCHONA REGIONS OF SOUTH AMERICA

London: John Murray, Albemarle Street.

Der schraffierte Bereich kennzeichnet die ursprüngliche Verbreitung von Chinarindenbäumen in den Anden. *From Peruvian Bark: A Popular Account of the Introduction of Chinchóna Cultivation into British India, 1860–1880,* Clements Markham (London, 1880)

als Rindenbruchstücke, die in Säcken per Schiff nach Europa gelangten. Die Fracht stammte von unterschiedlichen *Cinchona*-Arten aus nur äußerst schwer zugänglichen Gebieten an den Osthängen der Anden.

Noch heute gilt die Malaria, eine lebensbedrohliche Infektion mit Parasiten, als größter Todbringer aller Zeiten: Schätzungen zufolge fiel ihr die Hälfte aller Men-

schen, die je die Erde bewohnt haben, zum Opfer! Gilt sie heute als reine Tropenkrankheit, war sie noch bis vor 100 Jahren auch eine Geißel Europas. Obwohl in Afrika und China andere Heilpflanzen gegen die Malaria verwendet wurden, kannte man im Westen über 350 Jahre lang kein anderes wirksames Behandlungsmittel als die Rinde von *Cinchona*-Bäumen.

NATURGESCHICHTE DER CINCHONA

Chinarindenbäume zählen zur vom schwedischen Botaniker Carl von Linné benannten Gattung *Cinchona*. Ihre rund 25 Arten werden der Familie der Rötegewächse *(Rubiaceae)* zugerechnet. Viele Vertreter dieser Pflanzenfamilie enthalten stimulierende und heilkräftige Alkaloide. Beispiele sind der Kaffeestrauch *(Coffea spp.)* mit dem Alkaloid Koffein, die Chacruna-Pflanze *(Psychotria viridis)*, die den halluzinogenen Wirkstoff Dimethyltryptamin enthält, und die Chinarinde mit ihren malariawirksamen Chinolin-Alkaloiden. All diese Alkaloide haben die Pflanzen zum Schutz gegen Insektenfraß, pflanzenfressende Säugetiere und andere Schädlinge entwickelt. Ihre Wirksamkeit verdanken einige davon nicht nur ihrem meist bitteren Geschmack, sondern auch ihrer Giftigkeit. Auch wenn einige dieser Stoffe für ihre positive Wirkung auf den menschlichen Körper geschätzt werden, bleibt zu bedenken, dass es sich dabei oftmals um Gifte handelt. Daher ist bei der Einnahme stets die Dosis entscheidend – selbst bei Tonic Water (siehe Kapitel 8).

Cinchona-Bäume wachsen in 1000 bis 2500 Meter Höhe entlang der östlichen Andenhänge in einem schmalen Band, das von Norden nach Süden durch Kolumbien, Ecuador, Bolivien, Peru und Chile verläuft. Ihre Heimat sind feuchte Wolken- und Nebelwälder, die reich an Pflanzen, Moosen, Flechten und Tieren sind. Die Bäume sind von mittlerer Größe, meist an die zwölf Meter hoch und tragen glänzendes, immergrünes Laub sowie lockere Büschel duften-

Oben links: *Cinchona anglica*, eine auf den indischen Plantagen entstandene Hybridform, *The Quinology of the East Plantations*, John Eliot Howard, Illustrationen von William Fitch (1869)

Oben rechts: *Cinchona calisaya* (früher *C. peruviana*), *Illustrations of the Nueva Quinologia of Pavon* von John Eliot Howard mit Illustrationen von William Fitch (1862). *»Angesichts der leuchtend weißen, panaschierten Rinde und der elegant geformten, glänzenden Blätter, die beim Verwelken ein tiefes Scharlachrot annehmen, muss sein Äußeres sehr ansprechend sein.«*

der Blüten in den Farben Weiß, Rosa, Violett oder Rot. Die papierartigen, geflügelten Samen wachsen in ledrigen Kapselfrüchten heran und werden vom Wind verbreitet. Kaum vorstellbar, welch große Veränderungen diese winzigen Samen, die Forscher im 19. Jahrhundert sammelten, weltweit bewirkt haben!

HEIMAT UND ENTDECKUNG DES CHINARINDENBAUMS

Im Umgang mit natürlichen Ressourcen ist die Menschheit unendlich erfindungsreich: Mindestens 30.000 verschiedene Heilpflanzen wurden und werden weltweit durch den Menschen genutzt. Ihre Wirkung wurde entweder im Selbstversuch entdeckt oder durch Beobachtung der Selbstmedikation von Wildtieren. Die Ursprünge der medizinischen Nutzung von Chinarinde liegen jedoch im Dunkeln. Zwar gibt es umfassende Aufzeichnungen über die zur Zeit der spanischen Eroberung verwendeten Heilpflanzen, doch nach einem Hinweis auf die

Chinarinde sucht man in den handgeschriebenen Kodizes vergebens. Die erste unzweifelhafte Erwähnung der Chinarinde als Malariamittel stammt von Antonio de la Calancha, einem Augustinerpater aus Peru. Dieser schrieb 1633: »*[Dort] wächst ein Baum, den sie Fieberbaum* (arbol de calenturas) *nennen. Seine zimtfarbene Rinde wird zu Pulver zermahlen und als Getränk verabreicht, das Fieber und Tertianas heilt. In Lima hat sich das Mittel als Wunderkur erwiesen.*« (»Tertianas« sind Fieberzyklen, die Malariaanfälle kennzeichnen.)

Vermutlich wurde die Wirkung der Chinarinde gegen Malaria erst nach der spanischen Eroberung entdeckt. Denn schwere Formen der Malaria traten erst in ihrer Folge auf: Sie kamen mit den aus Westafrika verschleppten Sklavenarbeitern und verbrei-

Karte von Vilcabamba (Ecuador), der Siedlung eines legendären Stammes, den man im 18. Jahrhundert im Kerngebiet der *Cinchona*-Nutzung vermutete, Wellcome Collection

AGROTAT LIMÆ CONIUX CHINCONIA FEBRIM
CORTICE MIRANDO POCULA TINCTA FUGANT

Fresko im Ospedale di Santo Spirito (Rom) mit einer Darstellung der Gräfin von Chinchón, die Chinarinde erhält; Wellcome Collection

teten sich rasch in den tief gelegenen Küstengebieten. In die Hochlagen, die Heimat der Chinarindenbäume, drang die Malaria erst im 19. Jahrhundert mit der Eisenbahn vor, die immer mehr Menschen in die Bergregionen brachte. Die Bäume mit der chininhaltigen Rinde und die von Malaria befallenen Niederungen waren somit geografisch getrennt, was eine zufällige Entdeckung der medizinischen Eigenschaften von Chinarinde wenig wahrscheinlich machte.

Neuere Arbeiten der Historiker Fernando Ortiz Crespo und Matthew Crawford legen nahe, dass die medizinischen Eigenschaften der *Cinchona*-Bäume im Umland von Loja im ecuadorianischen Andenhochland entdeckt wurden – und das bereits 60 Jahre vor den Aufzeichnungen Calanchas. So enthalten 1574 und 1600 erschienene Bücher Hinweise auf einen Baum, dessen Beschreibung an die Chinarindenbäume erinnert, die über den Hafen von Guayaquil verschifft wurden. Die Region um Loja war im 18. Jahrhundert für ihre hochwertige Chinarinde bekannt, die selbst die Königliche Apotheke in Madrid von dort bezog. Aufgrund des Geschäfts mit Chinarinde

aus dem Hochland und besten Handelsverbindungen entstand (und besteht noch heute) in Loja eine große Gemeinschaft aktiver *Curanderos* (Heiler). Die medizinische Wirkung der Chinarinde könnte also sehr gut hier entdeckt worden sein.

Bis zum Ende des 19. Jahrhunderts waren moderne Diagnosemethoden unbekannt, sodass Malariaerkrankungen anhand des typischen Fiebermusters diagnostiziert wurden. Da man zur Behandlung von Fieber meist bittere Pflanzen verwendete, bot sich die bittere Rinde des *Cinchona*-Baums für die Nutzung als Malariamittel an. Heute weiß man, dass der bittere Geschmack bestimmter Pflanzen auf medizinisch wirksame Inhaltsstoffe hinweisen kann. Hierzu gehören z. B. Alkaloide wie Chinin oder der Aspirin-Vorläufer Salicin, ein Inhaltsstoff aus Weidenrinden, die sich auch bei der Behandlung von Fieber als wirksam erwiesen haben.

Mutmaßungen über die Ursprünge der medizinischen Nutzung des Fieberbaums ließen im 17. Jahrhundert zahlreiche Legenden entstehen. So hieß es, einige Jesuitenpatres seien vom Fieber geheilt worden, nach-

Ein *Cinchona*-Wald in Lateinamerika, *Illustrated Travels: A Record of Discovery, Geography, and Adventure*, herausgegeben von H. W. Bates (1880)

Die zweite in Europa veröffentlichte Abbildung eines Chinarindenbaumes, *Dendrographias sive historiae naturalis de arboribus et fructibus: tam nostri quam peregrini orbis libri decem*, Johannes Jonstonus (1662), Wellcome Collection

dem sie Wasser aus einem See getrunken hatten, in dem hineingestürzte Chinarindenbäume lagen. Der französische Forscher und Entdecker Charles Marie de La Condamine (1701–1774) hingegen schrieb, die Ecuadorianer hätten die Heilwirkung bei der Beobachtung von Berglöwen entdeckt, die die Rinde fraßen. All diese Geschichten verblassen jedoch, verglichen mit der Legende um die wundersame Heilung der Gräfin von Chinchón, die auch heute noch als »Tatsachenbericht« erzählt wird.

Die Hauptrolle in dieser Geschichte spielt Doña Francisca Henríques de Ribera, die Gattin des Vizekönigs von Peru und Gräfin von Chinchón. Diese lag der Legende nach um 1630, an einem schweren Fieber erkrankt, auf dem Sterbebett, als sie von einer treuen peruanischen Magd oder einem besorgten Bediensteten ihres Mannes eine Dosis Chinarinde erhielt. Ihre wundersame Heilung bewog die Gräfin zur Rückkehr nach Spanien, um die Rinde an die Leidenden Europas zu verteilen. Eine interessante Geschichte, die jedoch schließlich von Wissenschaftlern entkräftet wurde. So enthalten die Tagebücher ihres Gatten zwar genaue Aufzeichnungen zum Alltag und zu sämtlichen Krankheiten der Familie, das bemerkenswerte Ereignis wird darin aber nicht erwähnt. Zudem verstarb die Gräfin bereits vor ihrer Rückkehr nach Spanien in Kolumbien.

Nichtsdestotrotz hatte auch Carl von Linné, der Begründer der modernen Botanik, die Legende um die Gräfin von Chinchón im Sinn, als er in seinem Werk *Genera Plantarum* (1742) dem »Fieberbaum« den Gattungsnamen *Cinchona* gab. Linné bediente sich dabei einer italienischen Schreibweise für den Namen der Gräfin, weshalb man ab dieser Zeit den Gattungsnamen

Cinchona ohne das erste »H« schrieb. Seither rätseln Generationen von Botanikern über die richtige Aussprache.

ANKUNFT IM WESTEN

Fieberbaum, Quina, Calisaya, peruvianische Rinde, Jesuitenrinde – die *Cinchona*-Rinde wurde unter verschiedensten Namen vertrieben. Bisweilen unterteilte man sie dabei in Qualitätsabstufungen entsprechend ihrer Farbe: Die rote Rinde war am begehrtesten, gelbe oder graue hingegen galt als minderwertiger. Ab den 1640er-Jahren wurde die Rinde nach Europa verschifft. Auf der langen Fahrt zwischen den Handelshäfen Amerikas und Europas gerieten bestimmte Informationen zur Ware bisweilen in Vergessenheit. So wurde die Rinde z. B. oft mit der des Balsambaums, einer anderen Heilpflanze, verwechselt. Da Identifizierung und Dosierung oft Schwierigkeiten bereiteten, war es kaum verwunderlich,

Ein französischer Apotheker zerreibt Kräuter in einem Mörser, J. I. Grandville (um 1840), Wellcome Collection

dass die *Cinchona*-Rinde als eine unverlässliche Medizin galt. Bis sie ihrem Ruf als Wundermittel gerecht werden konnte, verging daher einige Zeit.

In England gab es zudem kulturbedingte Vorbehalte gegen das Heilmittel. Die kriegerischen Auseinandersetzungen rivalisierender europäischer Länder waren

geprägt von religiösen Spannungen. Und so fand die als »Jesuitenrinde« bekannte Chinarinde vor allem unter den Katholiken Exporteure und Anwender, während Länder anderer Konfessionen, insbesondere die protestantischen Engländer, sie überwiegend ablehnten. Benzin ins Feuer goss der französische Wissenschaftler Jean-Jacques

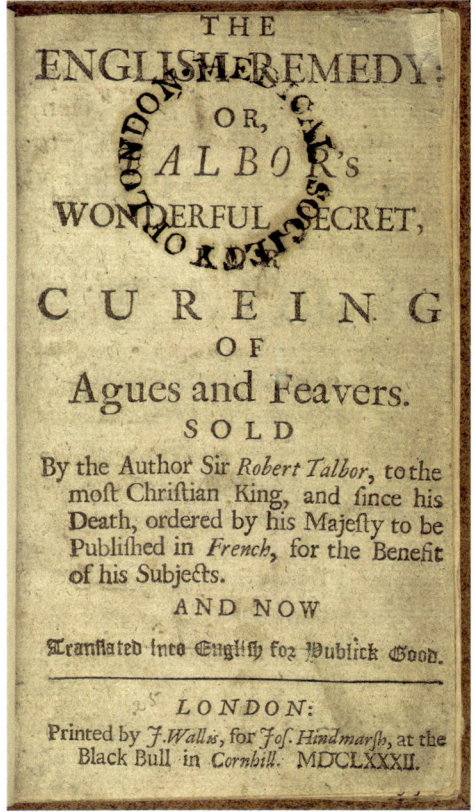

Chifflet (1588–1660), der die Chinarinde als »päpstlichen Betrug« bezeichnete. Selbst der englische Lord Protector Oliver Cromwell soll das »papistische Pulver« zurückgewiesen haben, bevor er an Malaria starb.

Die öffentliche Meinung konnte sich einem so wirksamen Mittel jedoch nicht lange widersetzen, und letztlich verbreitete es sich in ganz Europa. So bewertete z. B. 1677 die britische Ärztevereinigung Royal College of Physicians die »peruvianische Rinde« in ihrem offiziellen Arzneibuch *Pharmacopoeia Londinensis* als *»ausgezeichnet gegen sämtliche mit Fieber einhergehende Schüttelfrostzustände«*. Der Zuspruch, den die Chinarinde seither in Europa erfuhr, verdankt sich dem Wirken einiger Schlüsselfiguren. So setzte sich beispielsweise der Arzt Thomas Sydenham (1624–1689) schon früh für die Verwendung der Rinde ein (siehe S. 33). Der italienische Mediziner Francesco Torti (1658–1741) spezifizierte ihre Anwendung für verschiedene Fieberarten (siehe S. 32) und der englische Arzt Robert Talbor förderte ihre verbreitete Anwendung.

ROBERT TALBORS »ENGLISCHES HEILMITTEL«

In Cambridgeshire geboren, machte Robert Talbor (1642–1681) eine Ausbildung zum Apothekergehilfen, bevor er an die Universität ging. Während seines Studiums wuchs sein Interesse für die Fieberforschung und 1668 zog es ihn in die Sümpfe von Essex, wo *»die Fieber in Epidemien auftreten«*.

Talbor experimentierte mit verschiedenen Heilmitteln und entwickelte schließlich eine geheime Rezeptur gegen Fieber. Öffentlich sprach er sich gegen den *»Missbrauch«* der Chinarinde aus und pries sein eigenes Mittel als *»edle und sichere«* Alternative. Die genaue Zusammensetzung seiner Medizin hielt er streng geheim und beschrieb die Inhaltsstoffe lediglich als *»zwei fremdländische und [zwei] heimische«* Pflanzen. Ein glücklicher Zufall verschaffte der Rezeptur Aufmerksamkeit: Zu den an Fieber erkrankten Soldaten, die Talbor behandelte, gehörte auch ein französischer Offizier, der den englischen König Karl II. beriet. Talbor wurde an den Hof gerufen und heilte den ebenfalls an Fieber erkrankten König. Nachdem Talbor 1678 zum Ritter geschlagen wurde, war er ein gemachter Mann. Karl II. sandte ihn nach Frankreich, wo er einen Verwandten behandeln sollte. Dort wurde auch der französische König Ludwig XIV. auf Talbor aufmerksam und verlangte Einsicht in das Geheimnis der wundersamen Rezeptur. Talbor willigte ein, jedoch unter dem Vorbehalt, dass diese erst nach seinem Tod veröffentlicht werden sollte. Dazu kam es leider allzu bald: 1681 kehrte Talbor an die Universität Cambridge zurück, starb jedoch noch im selben Jahr.

Kurz darauf wurde seine Rezeptur auf Befehl Ludwigs XIV. veröffentlicht und erschien unter dem Titel »*Das Englische Heilmittel oder Talbors Wundertätiges Geheimnis zur Heilung von Schüttelfrost und Fieber. Durch den Allerchristlichsten König dem Verfasser Sir Robert Talbor abgekauft und nach dessen Tod auf Befehl seiner Majestät zum Wohle seiner Untertanen in französischer Sprache veröffentlicht. Nunmehr zum öffentlichen Nutzen ins Englische übersetzt*«.

So kam zum Vorschein, dass Talbors Heilmittel – neben schmerzlinderndem Opium – »Jesuitenrinde« enthielt. Besondere Wirksamkeit verlieh möglicherweise ein Kniff bei der Herstellung: Neben einem wässrigen Auszug verwendete Talbor auch eine alkoholische Tinktur und konnte so verschiedenste chemische Bestandteile extrahieren. Talbor versetzte ein halbes Kilo Rindenpulver mit Petersilie und Anis und gab sieben Liter Wein hinzu. Bisweilen fügte er auch Zitronen-, Orangen- und Rosenaromen hinzu – wohl, um die bittere Medizin besser genießbar zu machen. Von nun an hatte die Chinarinde einen festen Platz in der Medizin, und das »englische Heilmittel« wurde in ganz Europa bekannt. Im 18. Jahrhundert wurde Chinarinde zur wichtigsten Importware im pharmazeutischen Handel und machte 40 Prozent der Gesamteinfuhr amerikanischer Drogen nach England aus.

REZEPTUREN UND PRÄPARATE

Talbor war nicht der Einzige, der die bittere pulverisierte Chinarinde mit anderen Kräutern mischte. Vielmehr war dies bei frühen Präparaten gängige Praxis. Die Rinde wurde, getrocknet und in Streifen geschnitten, nach Europa verschifft und dort zu einem gebrauchsfertigen Pulver zermahlen. Dieses wurde dann zu Tabletten gepresst oder in Portwein aufgelöst. Aromatische Zusätze wie Zimt, Nelken und Orangenschalen oder süße Sirupe aus Melasse oder Honig überdeckten den bitteren Geschmack. Meist wurden zudem Abführ- und Brech-

mittel zugesetzt, da man glaubte, sie würden die Krankheit aus dem Körper treiben. Typische Abführmittel waren Alexandrinische Senna sowie andere Bitterstoffe wie z. B. Eichenrinde. Um unruhige Patienten ruhigzustellen, gab man den Heilmitteln bisweilen schmerzlinderndes Opium hinzu. Britische Quellen erwähnen auch die Behandlung von Wechselfieber mit *Artemisia*-Arten wie Beifuß und Eberraute. Ähnlich angewandt wurde auch der Einjährige Beifuß, der dank seiner fiebersenkenden Eigenschaften schon vor 2000 Jahren Eingang in ein chinesisches Kräuterbuch fand. Auch die moderne Medizin verwendet noch heute Auszüge von Einjährigem Beifuß als Malariamittel (siehe S. 38). Ob der Wirkstoffgehalt britischer Sorten hoch genug gewesen wäre, um eine signifikante Wirkung zu erzielen, ist jedoch unklar.

MEDIZINISCHES DENKEN AUF DEM PRÜFSTAND

Der Erfolg von Chinarinde veränderte das medizinische Denken in Europa. Zu dieser Zeit basierte die Heilkunde noch auf den Arbeiten des griechischen Arztes Galen aus dem 2. Jahrhundert und vertrat die hippokratische Viersäftelehre, die die Entstehung von Krankheiten auf ein Ungleichgewicht der vier Leibessäfte zurückführte. Aderlass, Abführ- und Brechmittel wurden genutzt, um das Mischungsverhältnis der Körpersäfte zu verändern und den Patienten auf diese Weise wieder gesund zu machen. Die Symptome einer Krankheit wurden nach Galen mit gegenläufig wirkenden Kräutermitteln bekämpft. So erhielten z. B. fiebernde Patienten kühlende Mittel, die der erhöhten Körperwärme entgegenwirken sollten. Wegen ihrer Bitterkeit galt die Chinarinde jedoch als erhitzendes Mittel – eine große Herausforderung für die Heilkunde dieser Zeit. All dies verzögerte ihre breitere Verwendung. Doch ihre Heilwirkung ließ sich nicht leugnen. Sie ermunterte die Wissenschaftler zu neuen Experimenten und zur eingehenderen Erforschung der Wirkstoffe von Medikamenten.

2.

FIEBER UND WECHSELFIEBER

Malaria gab es bereits vor Beginn der Menschheitsgeschichte: Die ältesten bekannten Malariaparasiten fand man im Körper einer in Bernstein konservierten Mücke, die vor 30 bis 40 Millionen Jahren lebte. Wissenschaftlern zufolge ging die Malaria in Afrika vom Affen auf den Menschen über und entwickelte sich in den letzten 10.000 Jahren parallel zur Evolution unserer menschlichen Vorfahren.

In Europa gilt Malaria meist als Tropenkrankheit. Doch vor 100 Jahren waren auch viele Menschen in kühleren Regionen betroffen, z. B. in den Feuchtgebieten Großbritanniens etwa in Essex und Kent. Während ihrer größten Ausbreitung war die Krankheit fast bis an den Polarkreis vorgedrungen. Der westeuropäische Malariastamm ist zwar weniger gefährlich als der tropische, dennoch befiel er viele Menschen, die dadurch geschwächt und damit anfälliger für andere Krankheiten wurden.

MALARIA UND MÜCKEN

»Wer denkt, ein Mensch sei zu klein, um etwas zu bewirken, sollte sich einmal mit einer Mücke in einem Raum einschließen lassen.« (dem Dalai Lama zugeschrieben)

Gegenüber: Malariakranke, *Kranken-Physiognomik*, K. H. Baumgärtner (1929), Wellcome Collection

Die Verursacher von Malaria sind winzige Parasiten der Gattung *Plasmodium*, die Blutzellen und Organe ihres Wirts befallen. Malaria beim Menschen verursachen vor allem vier Vertreter der Gattung. Der schwerste und häufig tödliche Verlauf wird durch die Art *Plasmodium falciparum* verursacht. Sie tritt in den Tropen und Subtropen auf und überwiegt in Afrika. Die Art *P. vivax* ist am häufigsten verbreitet und für eine mildere Form der Malaria verantwortlich. Sie ist in Asien und Lateinamerika vorherrschend und kam – ebenso wie *P. malariae* – einst auch in Europa vor.

Damit *Plasmodien* von infizierten Personen auf neue Wirte übergehen können, ist ein Krankheitsüberträger (Vektor) nötig. Diese Rolle übernehmen verschiedene ebenso kleine wie lästige blutsaugende Mücken der Gattung *Anopheles*. Bevor sie sich fortpflanzen, nehmen die Weibchen bevorzugt Blut zu sich, das die benötigten Nährstoffe für die Eier liefert. Ist die Mücke gesättigt, legt sie ihre Eier in stehenden Gewässern wie z. B. Pfützen, Gräben, Teichen und Sümpfen ab. Wenige Tage später schlüpfen die Larven. Sie ernähren sich von Algen und gehen aus der Verpuppung als voll entwickelte Mücken hervor, woraufhin sich der Kreislauf wiederholt.

MALARIABEKÄMPFUNG

Bei der Malariabekämpfung ist nicht nur die Behandlung der Krankheit entscheidend. Ebenso wichtig ist es, den Lebenszyklus der Mücken zu unterbrechen, indem man ihnen die Lebensräume nimmt. Die Grundlagen einer wirksamen Bekämpfung sind daher die Trockenlegung von Feuchtgebieten und die Abdeckung von Wasserreservoiren bzw. die Wasserbehandlung. Eine hohe Priorität hat auch der Schutz vor Mückenstichen durch Moskitonetze und Insektizide. In den 1950er- und 1960er-Jahren wurde das Insektizid DDT gegen Mücken

Oben links: Moskitonetz mit Kappe und »Atem-Pfeife«, frühes 20. Jahrhundert, Wellcome Collection

Oben rechts: Mückenbekämpfung in Annaba (Algerien) durch Einsprühen der Außenseite von Strohhütten (1944), Wellcome Collection

Gegenüber: Kalender mit Anti-Malaria-Ratschlägen, wie ihn US-amerikanische GIs im Südpazifik erhielten, Frank Mack (1945), National Library of Medicine

eingesetzt. Da es aber schädlich für andere Insekten, Vögel und Menschen ist und sich bei den Mücken Resistenzen entwickelt haben, ist sein Einsatz zurückgegangen.

Die Trockenlegung von Feuchtgebieten und die Entwicklung geschlossener Abwassersysteme haben zur Ausrottung der Malaria in Großbritannien und anderen Teilen Europas beigetragen. Während des Zweiten Weltkriegs trat die Krankheit in Großbritannien vorübergehend wieder auf, als infizierte Soldaten von Einsätzen in den Tropen zurückkehrten. Auch die wenigen noch heute in Europa erfassten Malariafälle betreffen Reisende aus tropischen Gebieten.

Seit der Mensch mit *Plasmodien* in Berührung gekommen ist, haben sich verschiedene Formen natürlicher Immunität entwickelt: Sichelzellenanämie und Thalassämien. Die Sichelzellkrankheit verdankt ihren Namen der durch sie verursachten Sichelform der roten Blutkörperchen (Erythrozyten). Bei Thalassämien handelt es sich um eine Störung bei der Bildung des

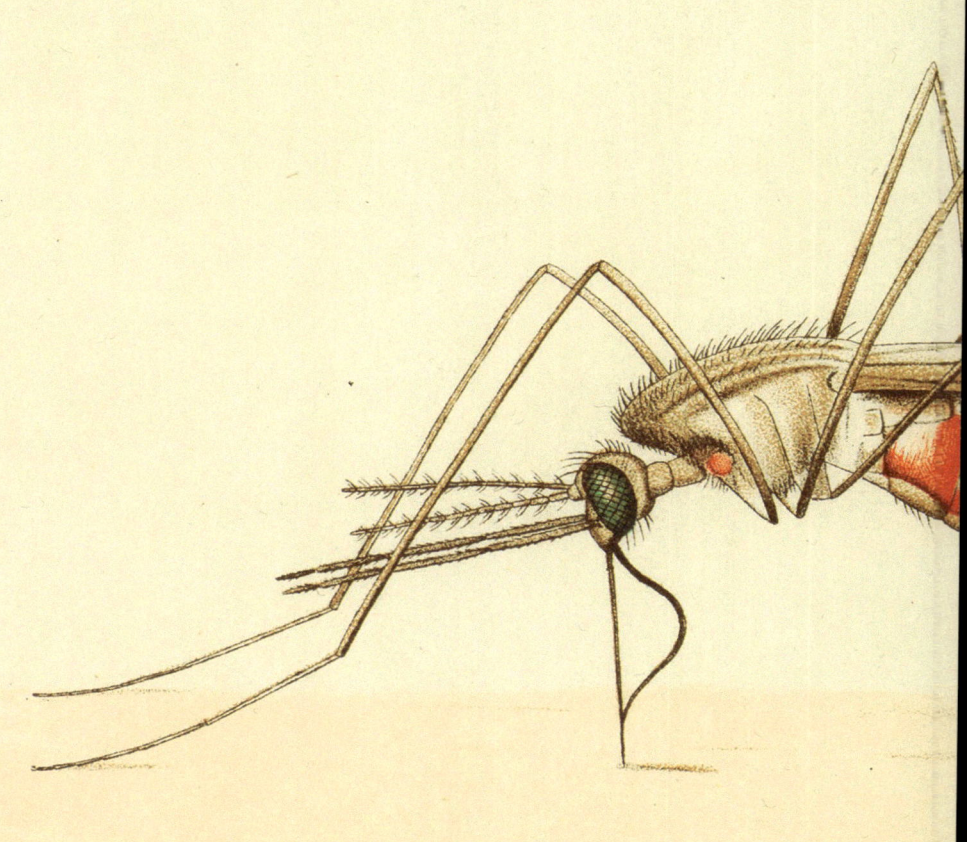

Anopheles maculipennis (Mückenart), Überträgerin der Malaria in Europa, *The Journal of Hygiene* (1901), Wellcome Collection

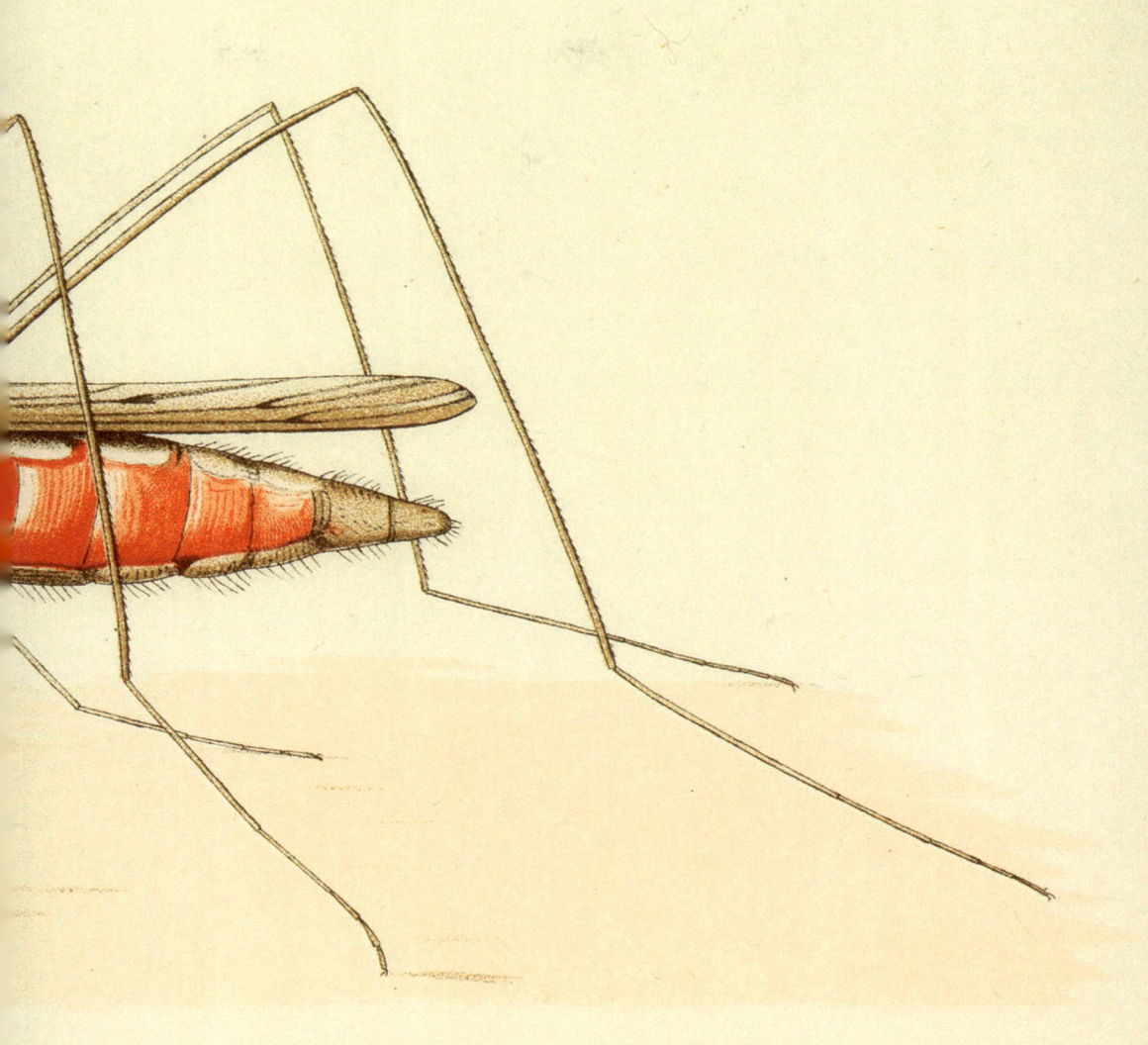

ANOPHELES MACULIPENNIS. ♀

SUCKING BLOOD

E.Wilson, Cambridge.

MALARIASYMPTOME

Leichter Verlauf: Fieberschübe, Schüttelfrost, Schweißausbrüche, Anämie, Kopf-
und Bauchschmerzen, Übelkeit und
Erbrechen
Schwerer Verlauf: vergrößerte Milz, Gelb-
sucht, schwere Anämie

roten Blutfarbstoffs (Hämoglobin), die zu
Blutarmut (Anämie) führt. Ihre Verbreitung
verdanken diese beiden genannten Erb-
krankheiten der Tatsache, dass sie für die
Bewohner von Malariagebieten vorteilhaft
sind: Sie verursachen zwar ernste gesundheitlich Probleme, bieten aber gleichzeitig
auch einen gewissen Malariaschutz.

MALARIA IN FRÜHEREN ZEITEN

Zwar erkannte man erst Ende des 19. Jahrhunderts, dass Malaria durch Mückenpara-
siten ausgelöst wird. Fieber war jedoch
schon lange zuvor als Symptom der Krankheit bekannt. So beschrieb der französische
Arzt Félix Vicq d'Azyr im späten 18. Jahrhundert 128 verschiedene Fieberarten, darunter bestimmte zyklisch auftretende Fieberzustände, die es erlauben, Malaria in
historischen Quellen aufzuspüren. Typischerweise sind dies Fieber mit Schüttelfrost
und Zittern sowie »intermittierendes« (wie-
derholtes, zyklisches) Fieber, das nach der
Dauer der jeweiligen Zyklen unterschieden
wird.

Die Namen dieser Fieberzustände beschreiben das jeweilige Muster: Der Zyklus der
»Malaria quotidiana« wiederholt sich alle
24 Stunden. Bei der »Malaria tertiana« ge-
schieht dies am ersten und dritten Tag, bei
der »Malaria quartana« am ersten und
vierten. Inzwischen weiß man, dass diese
Zyklen von den Lebenszyklen verschiedener
Malariaerreger herrühren. Die Parasiten
dringen in die roten Blutkörperchen ein, wo
sie sich vermehren. Schließlich platzen die
Blutkörperchen auf und ein neuer Infektions-
zyklus beginnt. Auf das Vorhandensein der
Parasiten im Blutkreislauf reagiert der Körper mit Fieber. *Plasmodium malariae* zeigt
eine Vier-Tages-Rhythmik mit Fieber an jedem dritten Tag. Die anderen *Plasmodium*-
Arten äußern sich in dreitägigen Zyklen mit
Fieber an jedem zweiten Tag. Bei einer Infektion im Herbst kann die Malaria im
Winter »hibernieren« (ruhen) und zeigt
sich im Frühjahr als »Frühlingsfieber«.

Im 1. Jahrhundert n. Chr. beschrieben
chinesische Ärzte im *Huangdi Neijing*

Oben: A) Soldat, nimm jeden Tag dein Chinin!
Der Urlauber: Er hat sein Chinin nicht einge-
nommen./Er hat sein Chinin eingenommen.
B) Schlafe stets unter einem Moskitonetz! Beim
Erwachen: Dieser Mann hatte kein Moskito-
netz./Dieser Mann schlief tief und gesund
unter seinem Moskitonetz. Postkarten von A.
Guillaume (1914–1918), Wellcome Collection

Gegenüber: »Fieberbaum« aus: *Therapeutice
Specialis*, Francesco Torti (1712), Wellcome
Collection

LIGNUM FEBRIUM.

(Buch des Gelben Kaisers zur Inneren Medizin) ein Leiden, bei dem sie einen Zusammenhang zwischen Fieber und einer vergrößerten Milz sahen. Man nimmt an, dass es sich hierbei um Malaria handelte. Die Milz, in der die befallenen roten Blutkörperchen abgebaut werden, ist bei einer Malariainfektion überlastet, was zu schmerzhaften Schwellungen führt. Im 16. Jahrhundert zeichnete der deutsche Künstler Albrecht Dürer ein Selbstporträt, auf dem er – wohl während eines Malariaanfalls – mit dem Finger auf den Sitz seiner Milz deutet. Auf dem Bild ist beschrieben: »*Do der gelb fleck ist und mit dem finger drawff deut, do ist mir we*«. (Wo der gelbe Fleck ist und der Finger hindeutet, tut es weh.)

1712 veröffentlichte der italienische Arzt und Fieberspezialist Francesco Torti (1658–1741) einen Stammbaum der Fieberarten, das *Lignum febrium*. Hierbei handelt es sich um einen stilisierten Chinarindenbaum, der entlang seiner Zweige verschiedene Fieberarten und deren Verwandtschaft darstellt. Die Gegenüberstellung einer gesund belaubten und einer verdorrten Seite verdeutlicht, dass bestimmte Fieber auf Chinarinde reagieren und dass intermittierendes Fieber mit Chinarinde

behandelt werden kann. Dieser Stammbaum verdeutlichte, welche Fieberarten auf Chinarinde ansprachen, was eine einheitliche Behandlung ermöglichte. Um 1750 war Chinarinde weithin als zuverlässiges Mittel gegen intermittierendes Fieber anerkannt.

HISTORISCHE BEHANDLUNGSWEISEN

Vor der Entdeckung der Chinarinde dienten Kräuter, die Kühlung bewirken sollten, als Fiebermittel. Hierzu gehörten z. B. Enzian, Odermennig und Gerstenwasser. Im alten Rom erhielten die Patienten Amulette, die bisweilen mit *Abracadabra* beschriftet waren. Bis weit ins Mittelalter nutzte man Talismane und die Reliquien Heiliger zur Abwehr von Krankheiten. Gegen schwere Malariaverläufe halfen Gebete, Gesänge und Kräuter allerdings wenig, und so überrascht es kaum, dass Chinarinde zu einem Wundermittel wurde.

SÜMPFE UND MIASMEN: DIE URSACHEN DER MALARIA

Die Miasmenlehre war ein frühes medizinisches Konzept, das auf den antiken griechischen Arzt Hippokrates zurückging und bis ins 19. Jahrhundert vertreten wurde. Ihr zufolge entstanden Krankheiten durch schädliche »Ausdünstungen«, die man oft mit übel riechenden Orten wie Feuchtgebieten in Verbindung brachte. In gewisser Weise kam das der Wahrheit recht nahe. Da Mücken bevorzugt Sumpfgebiete als Brutstätten nutzen, waren in deren Nähe lebende Menschen stärker von durch sie übertragenen Krankheiten betroffen. So galt z. B. das Umland Roms, die Campagna, als versumpft und malariaverseucht, und viele Romreisende erlagen einer bösartigen Form des »römischen Fiebers«. Das Wort »Malaria« stammt aus dem Italienischen und bedeutet »schlechte Luft«. In die englische Sprache führte es 1740 der Schriftsteller Horace Walpole ein, als er schrieb: »*Es gibt eine schreckliche Sache namens Malaria, die jeden Sommer Rom heimsucht und Menschen tötet.*«

In frühen Aufzeichnungen finden sich nur wenige Verbindungen zwischen dem Fieber und der Verbreitung durch Insekten. Eine Ausnahme bildet das *Susruta Samhita*, ein ayurvedischer Text, den der Arzt Susruta zwischen 250 v. Chr. und 500 n. Chr. verfasste. Mehr als 1000 Jahre später gehörte der englische Arzt Thomas Sydenham (1624–1689) zu den frühen Befürwortern der Therapie mittels Chinarinde. In seinen *Observationes Medicae* (1676) beschrieb er einen Zusammenhang zwischen Fiebererkrankungen und der Nähe von Sümpfen. Er bemerkte, dass »*sich der Herbst als sehr krankheitsbelastet erweist, wenn Insekten besonders stark schwärmen und [...] wenn Wechselfieber (vor allem* Quartana) *bereits zu Mittsommer auftreten*«. Dieser Zusammenhang blieb 200 Jahre lang ungeprüft, bis Parasit und Mücke endlich als »leidiges Duo« erkannt wurden.

Oben: Malariasymptome in einer fantasievollen Darstellung von James Dunthorne und Thomas Rowlandson (1788), Wellcome Collection

Gegenüber: *Der kranke Dürer*, Albrecht Dürer (1471–1528), Kunsthalle Bremen, Wikimedia Commons

WIE WIRKT CHININ?

Die Wirkungsweise von Chinin ist noch nicht vollständig geklärt. Man nimmt an, dass es das Hämoglobin, den roten Blutfarbstoff, für die befallenden *Plasmodien* giftig macht. *Plasmodien* verdauen die Globinanteile des Moleküls und überführen den toxischen Hämanteil in ein harmloses Pigment (Hämozoin). Chinolin-Alkaloide wie Chinin unterbrechen diesen Schritt. Der Parasit kann das giftige Häm nicht mehr aus seinem Körper entfernen und vergiftet sich selbst.

LABORATORIEN UND MIKROSKOPE: DURCHBRÜCHE IM 19. JAHRHUNDERT

Der erste Durchbruch beim Verständnis von Malaria gelang dem in Algier stationierten französischen Militärarzt Charles Louis Alphonse Laveran (1845–1922): Er beobachtete 1880 im Blut eines fiebernden Soldaten einen kleinen, sich windenden Parasiten – ein *Plasmodium*. Partikel im Blut von Malariapatienten hatte man zwar bereits 1858 entdeckt, aber nicht erkannt, dass es sich um Parasiten handelte. Für seine Arbeit erhielt Laveran 1907 den Nobelpreis für Medizin. Mitte der 1880er-Jahre stellte der italienische Mediziner Camillo Golgi fest, dass die regelmäßigen Zellteilungen der Parasiten mit den intermittierenden Fieberzyklen zusammenfallen. Die italienischen Mediziner Ettore Marchiafava und Angelo Celli enträtselten schließlich den Lebenszyklus der *Plasmodien*.

Die Mücke als letztes Glied der Malariaausbreitung entdeckten zeitgleich der in Indien lebende britische Arzt Ronald Ross (1857–1932) und der italienische Parasitologe Giovanni Battista Grassi (1854–1925):

Links: Susruta erklärt einem Herrscher seine Theorie, Wellcome Collection

Gegenüber links: Sir Ronald Ross, Rosa Ross und Mahomed Bux (Ross' Laborgehilfe) stehen auf den Stufen des Labors in Kalkutta, im Vordergrund Vogelkäfige (1898), Wellcome Collection

Gegenüber rechts: Giovanni Grassi (1854–1925), Wellcome Collection

STUDIE IN EINEM KRANKENZIMMER

Als junger Journalist litt der britische Schriftsteller Rudyard Kipling im Indien der 1880er-Jahre häufig an Malariaschüben. In einem fesselnden Bericht, den er 1885 in der Stadt Simla verfasste, beschrieb er die Auswirkungen der Malaria und einer hohen Chinindosis:

Ein scharfer Galopp im Mai auf einem Zugpferd. Heftiges Schwitzen, gefolgt von zwanzigminütiger Rast in den öffentlichen Gärten, wo die überschwemmten Tennisplätze stinken wie so mancher Hexenkessel, und der Feind greift an. Mit tristen Vorahnungen aus zahlreichen früheren Erlebnissen wirst du es dir eingestehen: Du bist wieder »dran«, und das mindestens für die nächsten zwölf Stunden. Mit einem matten Lächeln wirst du den Freunden diese Tatsache mitteilen. Der Instinkt eines verwundeten Wildtiers treibt dich, Ruhe und Abgeschiedenheit suchend, in dein Junggesellenquartier. Die menschliche Vernunft empfiehlt Chinin und frühe Bettruhe.

Du hättest heute Abend auswärts essen sollen und solltest nun in deinem Einspänner auf dem Weg zu Mrs. Lollipop sein. Doch der Mensch denkt, das Fieber lenkt. Solch profane Dinge wie Abendessen und Tändelei hast du weit hinter dir gelassen. Nun bist du auf dich gestellt in jener seltsamen Phantasmenwelt, die sich uns allen in Zeiten der Krankheit offenbart. Du bist dir dessen kaum bewusst, denn die rasenden Schmerzen in Beinen und Rumpf sind der Pein in Augen und Kopf gewichen. Die Kälteattacken sind vorüber, und in den letzten zehn Minuten hast du stetig geglüht. Es ist die Vorstufe eines letzten Hinabgleitens an einer herannahenden Wolkenbank aus Schwärze und durch undurchdringliche Düsternis in jenseitige Gefilde. Hier bist du allein, vollständig allein, am Rande einer Ödnis aus mondbeschienenem Sand, die sich bis zum Horizont erstreckt. Hunderte und Tausende Kilometer entfernt liegt ein kleines, silbernes Bassin, gerade so groß wie ein Spritzer Regenwasser. Mitten in sein Zentrum fällt ein Stein, und während sich die Ringe ausbreiten, schwillt die Pfütze zu einer verschlingenden, wellenlosen See, die in mathematisch präzisen Graten über den Sand vorrückt. Die silbernen Linien erweitern sich von Ost nach West und eilen mit unvorstellbarer Geschwindigkeit auf deine Augen zu. Du zitterst und versuchst zu fliegen. Mit einem lang gezogenen »Hesch-sch« ziehen sich die zahllosen Linien über die Ebenen zurück und das Schreckensmeer verkleinert sich wieder auf eine winzig kleine Pfütze. Ein kurzes Verschnaufen, dann beginnt das schreckliche Vor und Zurück erneut. Ein unbetroffener Beobachter würde dir sagen, dass dieses Phänomen eine bloße Wirkung des Chinins ist, das du vor einigen Stunden eingenommen hast.

EIN NEUES FIEBERMITTEL

Der Geistliche Edward Stone (1702–1768) suchte in Oxfordshire einen heimischen Chinarindenersatz und fand ein weiteres Fiebermittel. Wie er 1763 berichtete, hatte er sechs Jahre zuvor Weidenrinde »versehentlich gekostet« und »überrascht von deren außerordentlicher Bitterkeit, sofort vermutet, dass sie die Eigenschaften der peruvianischen Rinde besitzt«. Stone wandte das alte medizinische Konzept der Signaturenlehre an: Ihr zufolge zeigt sich die Wirkung von Heilmitteln an Hinweisen durch Wuchsform oder Standort einer Pflanze. Da Weiden an feuchten Orten gedeihen, die typisch für von Fieber betroffene Gebiete sind, bot sich der Baum demnach als Heilmittel an. So wurde altes Wissen wiederentdeckt, denn schon Hippokrates hatte die Weide als Fiebermittel empfohlen. In gewisser Weise hatte Stone recht: Zwar half Weidenrinde nicht gegen Malaria, erwies sich aber bei einigen anderen Fieberarten als lindernd. Der Wirkstoff Salicin wurde später, chemisch modifiziert, als Aspirin vertrieben.

Im Abstand von vier Monaten veröffentlichten beide ihre Entdeckungen. Bei seinen Studien zur Vogelmalaria und Mücken der Gattungen *Culex* beobachtete Ross 1897 im sezierten Magen einer Mücke die Freisetzung von Malariaparasiten. Die »Fäden« wanderten zu den Speicheldrüsen – bereit zur Übertragung auf den nächsten Wirt. Grassi wies die *Anopheles*-Mücken als Überträger der Krankheit beim Menschen nach. Für seine Entdeckungen erhielt Ross 1902 den Nobelpreis für Medizin – was viele kritisierten, die Grassis Beitrag für ebenso preiswürdig hielten.

Oben links: Charles Alphonse Laveran (1845–1922) beim Aufspießen einer Mücke, Wellcome Collection

Oben rechts: Lebenszyklus des Malariaparasiten, *Die Malaria, Studien eines Zoologen*, Giovanni Battista Grassi (1901), Wellcome Collection

Gegenüber: Plakat aus dem Zweiten Weltkrieg zum Zusammenhang zwischen Mücken und Malaria (1941), Wellcome Collection

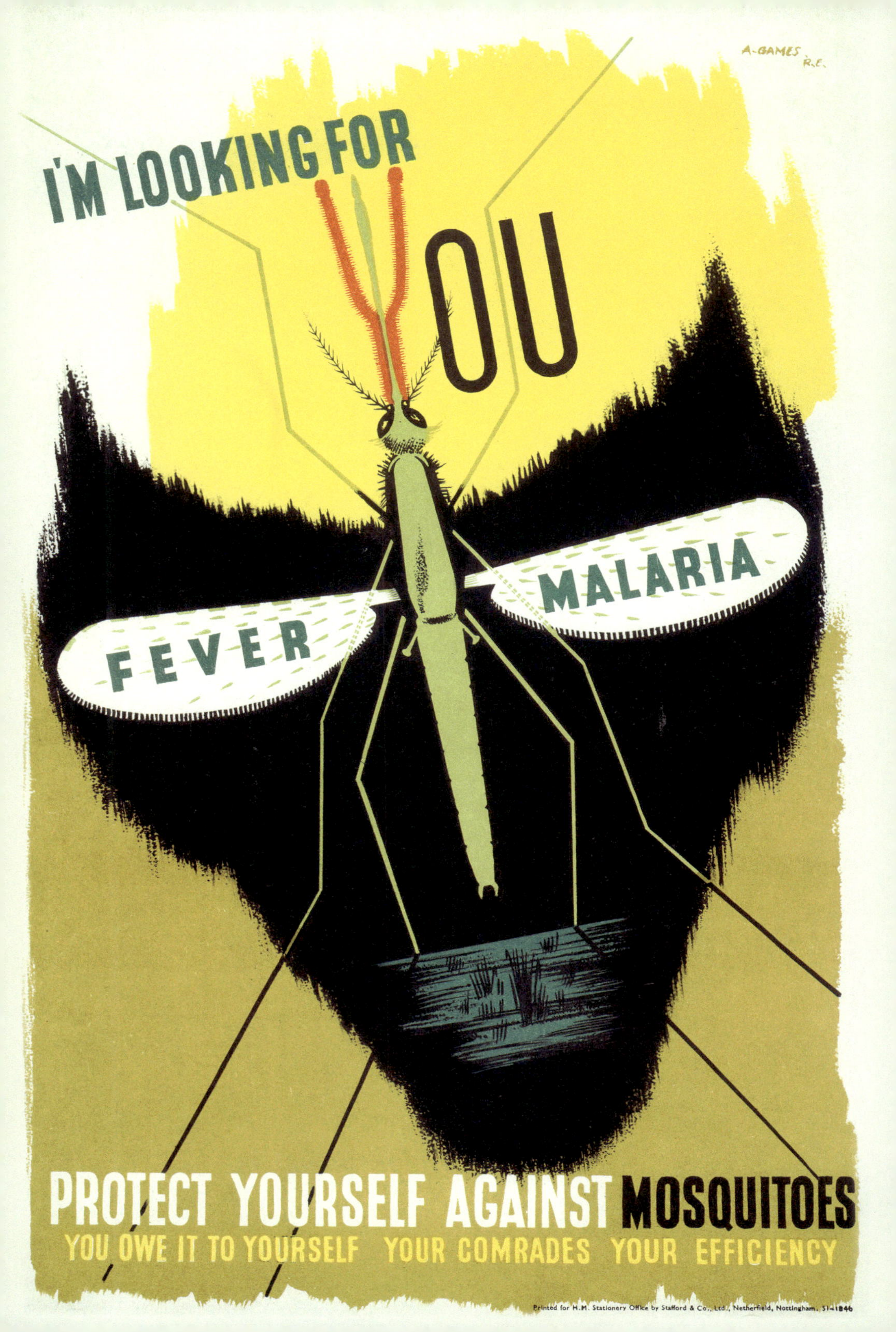
A-GAMES R.E.
I'M LOOKING FOR
YOU
FEVER
MALARIA
PROTECT YOURSELF AGAINST MOSQUITOES
YOU OWE IT TO YOURSELF YOUR COMRADES YOUR EFFICIENCY
Printed for H.M. Stationery Office by Stafford & Co., Ltd., Netherfield, Nottingham. 51-1846

MALARIA HEUTE

Malaria ist heute noch in über 90 Ländern ein großes Gesundheitsproblem. So erwähnt der Malariabericht der Weltgesundheitsorganisation (WHO) von 2018 insgesamt 219 Millionen Malariafälle sowie 435.000 durch die Krankheit verursachte Todesfälle, meist Kleinkinder. Die Gesamtausgaben aller Staaten, die 2017 davon betroffen waren, beliefen sich auf 2,7 Milliarden US-Dollar. Die Auswirkungen auf die wirtschaftliche Entwicklung sind insbesondere in Subsahara-Afrika enorm. Dank Verbesserungen bei der Medikamentenversorgung und der Vektorenbekämpfung nimmt die Zahl der Neuerkrankungen von Jahr zu Jahr ab. Forscher gehen jedoch davon aus, dass die Malaria wegen der steigenden Temperaturen in Gebiete zurückkehren könnte, in denen sie bereits als ausgerottet galt, also auch nach Europa.

Gegenüber: Einjähriger Beifuß *(Qing Hao, Artemisia annua)* im Manuskript eines illustrierten Arzneibuchs aus Yunnan (*Diannan Bencao Tushuo*, 1773), Wellcome Collection

Unten: Tu Youyou erhielt 2015 für ihren Anteil an der Entdeckung des Antimalariawirkstoffs Artemisinin in *Artemisia annua* den Nobelpreis für Medizin, Wikimedia Commons

EIN CHINESISCHES KRAUT NAMENS QING HAO

Als die Malariaparasiten Resistenzen gegen Chinin zeigten, entwickelte man in den 1940er-Jahren synthetische Ersatzstoffe. Doch auch gegen diese wurden die Erreger ab 1960 zusehends resistent. Während des Vietnamkriegs suchten die beiden wichtigsten beteiligten Länder (VR China und USA) nach Alternativen. Das chinesische Team arbeitete damals unter erschwerten Bedingungen, da sich die Forscher im Fadenkreuz der Kulturrevolution (1966–1976) befanden. Nachdem verschiedene Heilkräuter erfolglos getestet worden waren, konzentrierten sich die Wissenschaftler auf *Qing Hao* – verschiedene *Artemisia*-Arten, die viele Werke der chinesischen Medizin als Fiebermittel anführen. Als Erster erwähnte es der Gelehrte Ge Hong in seinem um 400 n. Chr. verfassten Werk *Zhou hou bei ji fang*, einem Handbuch mit medizinischen Notfallrezepturen.

Nachdem Tierversuche zur Wirkung dieser Kräuter erfolglos verlaufen waren, studierte die Teamleiterin Tu Youyou die Rezeptur in dem Handbuch erneut. Ihr fiel auf, dass das Wasser für die Extraktion des Krauts nicht erhitzt werden sollte. Im Labor erprobte sie 1971 Auszüge bei einer niedrigeren Temperatur und erhielt umgehend bessere Ergebnisse. 1972 wurde der Wirkstoff Artemisinin extrahiert und identifiziert. Es zeigte sich, dass der Einjährige Beifuß den höchsten Gehalt dieses Wirkstoffs aufwies. Nach langjährigen klinischen Studien wurden ab den 1990er-Jahren Medikamente auf Artemisinin-Basis eingesetzt. Erste Resistenzen bei Malariaparasiten zeigten sich jedoch 2008. Artemisinin hat sich bei der Malariabehandlung als äußerst wirksam erwiesen. Die Weltgesundheitsorganisation (WHO) setzt sich daher inzwischen durch ein gezieltes Programm dafür ein, dass verschiedene Varianten des Medikaments in Kombination mit anderen Malariamitteln eingesetzt werden, um die Entstehung von Resistenzen hinauszuzögern. Für ihre Arbeit erhielt Tu Youyou 2015 den Nobelpreis für Medizin.

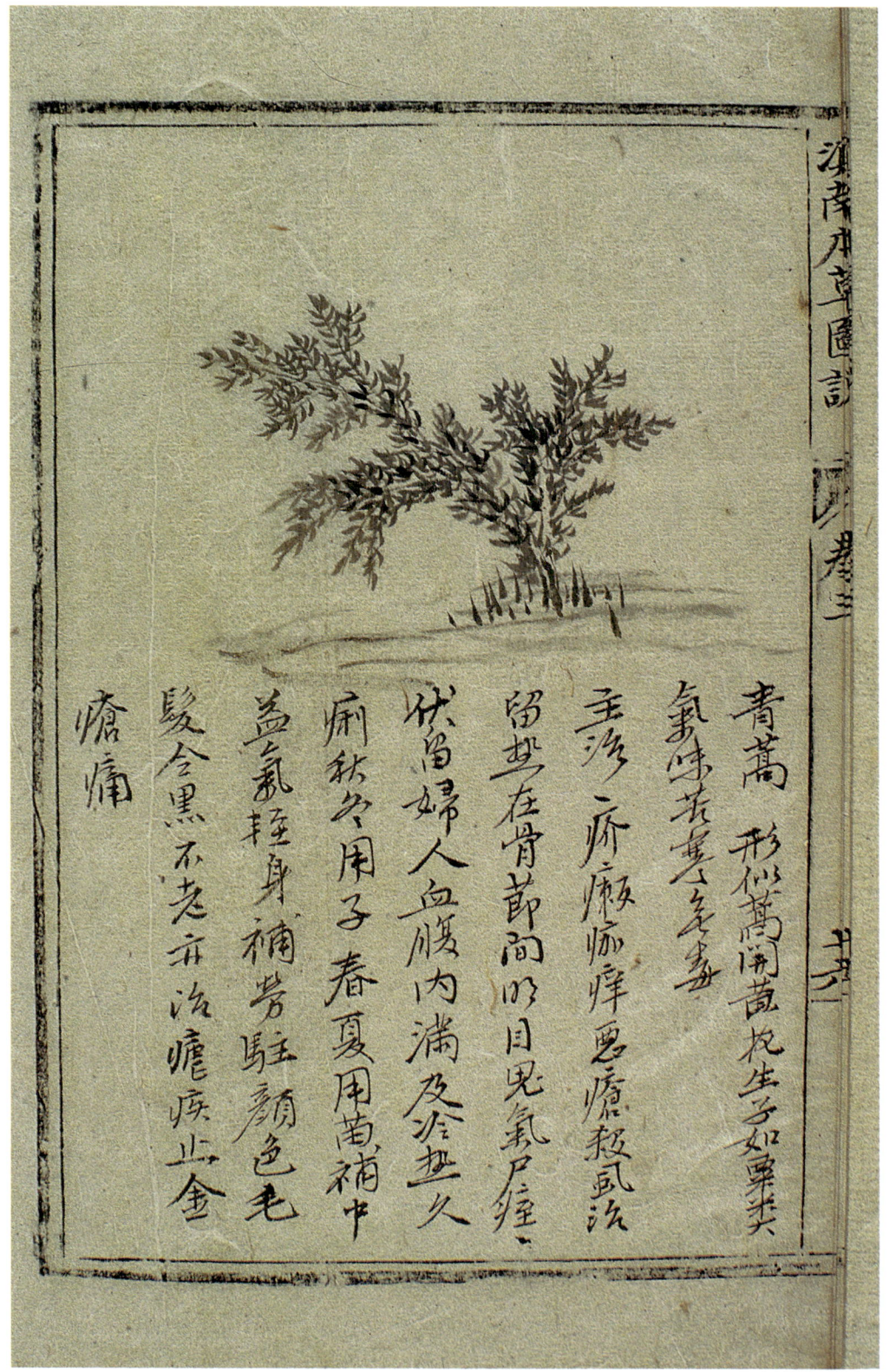

滇南本草圖說　卷三

十六

青蒿　形似茼蒿開黃花生子如粟類

氣味苦寒無毒

主治　疥癩惡瘡殺虱治

留熱在骨節間明目兒氣尸疰

伏留婦人血腹內滿及冷熱久

痢秋冬用子春夏用苗補中

益氣輕身補勞駐顏色毛

髮令黑不老亦治瘧疾止金

瘡痛

3.

PLANTAGEN UND POLITIK

Um Chinarinde zu ernten, musste man tief in die Andenwälder vordringen, verstreut wachsende Baumgruppen ausfindig machen, sie fällen und entrinden. Botaniker des 19. Jahrhunderts bezeichneten diese Art der Ernte zwar als unnachhaltig, vermutlich wurden die Bäume jedoch auf den Stock gesetzt, sodass sie von den Wurzeln her wieder kräftig austrieben. Ähnliche Techniken kamen später auch auf indischen Plantagen zum Einsatz. Außerdem gab es staatlich geförderte Bemühungen um Ersatzpflanzungen. Indes wurde im Südamerika des 19. Jahrhunderts die politische Lage instabil, als die einzelnen Nationen ihre Unabhängigkeit von Spanien erklärten. So ergriff z. B. Bolivien 1844 Maßnahmen zur Kontrolle der *Cin-chona*-Ernte. Da die Arbeiter jedoch keine angemessenen Löhne erhielten, entstand ein Schwarzmarkt für Chinarinde. Die europäischen Mächte drängten auf mehr Kontrolle über Menge, Preis und Qualität und sie hatten Bedenken hinsichtlich der Nachhaltigkeit der Ernte. Skrupellose Händler in in- und ausländischen Häfen streckten die *Cinchona*-Lieferungen zudem mit anderen bitteren Rinden wie denen von Kirsche und Zimtkassie. Gleichzeitig wuchs die Nachfrage nach Chinarinde zur Behandlung und Eindämmung von Malaria. Denn die europäischen Mächte wandten sich neuen

Gegenüber: Gelber Chinarindenbaum *(Cinchona calisaya)*, vor Ort gezeichnet von der Pflanzenmalerin Marianne North (um 1870)

Cinchona-Rinden werden in einem peruanischen Waldgebiet gesammelt und getrocknet,
C. Laplante nach Faguet (um 1867)

Gepresstes Herbar-
exemplar von *Cinchona
pubescens* (früher *C.
succirubra*), in Peru ge-
sammelt während der
Expedition von Hipólito
Ruiz López und José
Antonio Pavón (1777–
1788), heute Teil der
Kew-Sammlung

Gebieten in Afrika zu, wo Tropenkrankheiten für die europäischen Kolonisatoren zu
einer tödlichen Bedrohung wurden.

EIN ARTENWIRRWARR

Die Rinden der 25 *Cinchona*-Arten enthalten unterschiedlich viel Chinin. Den Einheimischen waren diese Unterschiede bekannt,
und sie wussten, welche Gebiete und Arten
die besten Rinden lieferten. Den westlichen
Botanikern des 18. und 19. Jahrhunderts

war der unterschiedliche Chiningehalt der
einzelnen Arten jedoch ein Rätsel. Europä-
ische Wissenschaftler versuchten daher,
die Botanik und Pharmakologie der Chinarinde zu erforschen, indem sie getrocknete
Rindenproben aus den Handelshäfen unter-
suchten und mit den gepressten Exemplaren
der europäischen botanischen Sammlungen
verglichen.

Chinarindenbäume sehen sich jedoch
sehr ähnlich, und die einzelnen Arten las-

sen sich nur schwer bestimmen. Am besten gelingt dies anhand feiner Unterschiede der Blätter. Weiterhin erschwerend für die Bestimmung war die Tatsache, dass unterschiedliche Arten sich kreuzen können, wodurch die entstehenden Hybridpflanzen gemischte Eigenschaften zeigen. Daher erklärte man oft auch geringfügige Varianten zu neuen Arten. Gleichzeitig werden bis heute auch immer wieder neue Arten entdeckt. Zuletzt war dies 2013 bei *Cinchona anderssonii* der Fall. Der Fund aus den bolivianischen Anden wurde als neue Art anerkannt und 2017 nach dem schwedischen Botaniker Lennart Andersson (1948–2005) benannt, der die botanische Nomenklatur der *Cinchona*-Arten 1998 von Grund auf ordnete.

Als Erste isolierten 1820 die französischen Chemiker Joseph Bienaimé Caventou und Pierre-Joseph Pelletier zwei der vier Hauptalkaloide aus der Chinarinde. Sie nannten sie Cinchonin (nach dem Gattungsnamen) und Chinin (nach dem Wort *Quina*, einem gebräuchlichen Namen der Bäume). Von da an konnten Forscher *Cinchona*-Alkaloide zwecks genauer Dosierung extrahieren und präzise klinische Studien durch-

führen. Nun ging es nur noch darum, wild wachsende *Cinchona*-Arten exakt zu bestimmen und den Chiningehalt ihrer Rinden zu messen. Denn dies war nötig, um die chininreichsten Arten auswählen und diese dann in Kolonialgebieten mit ähnlichen Umweltbedingungen anpflanzen zu können.

Tatsächlich hatte es schon mehrere Versuche gegeben, das Andengewächs *Cinchona* in anderen Weltgegenden anzubauen, u.a. in den 1730er-Jahren durch die Franzosen. 1813 regten dann auch in Indien arbeitende britische Botaniker an, Chinarindenbäume in den dortigen Plantagen anzupflanzen.

Im Auftrag des niederländischen Kolonialministers sollte Justus Karl Haßkarl 1851 das entsprechende Pflanzgut in Peru beschaffen. Um seine Absichten vor den Behörden zu verbergen, reiste er unter dem falschen Namen Dr. José Carlos Muller. Es gelang ihm, 500 lebende *Cinchona*-Pflanzen zu verschicken, von denen allerdings

MAUVE – DIE ZUFALLSERFINDUNG

Im 19. Jahrhundert versuchten sich viele Chemiker an der Synthese von Chinin, die die industrielle Herstellung von Chinin ermöglichen sollte. 1856 experimentierte der junge britische Chemiker William Henry Perkin zu diesem Zweck mit Kohlenteer. Zwar scheiterte dieser Versuch, allerdings bemerkte Perkin, dass das dabei entstandene Gemisch einen dunklen Violettton aufwies. Findig wie er war, probierte er, ob sich der Bodensatz dazu eignete, Stoffe dauerhaft zu färben, was sich als erfolgreich erwies: Durch Zufall hatte Perkin den ersten synthetischen Anilinfarbstoff erfunden: Mauvein. Violetter Farbstoff stammte bis dahin aus teuren natürlichen Quellen. Perkins Entdeckung führte zu einer ungekannten Nachfrage nach lilafarbener Kleidung und einer wahren »Mauve-Manie«.

die meisten eingingen, sodass nur 75 Pflanzen Niederländisch-Ostindien (Indonesien) erreichten. Das Absterben von Pflanzen auf den langen Fahrten war für viele Pflanzenjäger ein ernst zu nehmendes Problem und setzte der Umsiedlung von Pflanzen enge Grenzen. Später wurde zudem vermutet, Haßkarls Assistent Henriquez habe die Erde der Transportkästen mit Arsen vergiftet, um die Lebensgrundlage der Händler zu schützen. Angeblich sollen auch südamerikanische Sammler die Samen erhitzt haben, um deren Keimung zu verhindern.

EMPIRE UND EXPEDITIONEN

Als die europäischen Staaten 1850 ihre Fühler nach neuen Territorien und Ressourcen ausstreckten, wurden Tropenkrankheiten für die Kolonisatoren zu einem großen Problem. Einerseits brachten sie Krankheiten zu isolierten Völkern rings um den Globus, andererseits litten auch die Kolonisten selbst unter zuvor unbekannten Tropenkrankheiten. Ungewohnte Herausforderungen durch Klimaextreme, raue Lebensumstände und unbekannte

Krankheiten, die während der Expeditionen auftraten, führten zu hohen Sterberaten. So starben z. B. unter den zwischen 1819 und 1836 nach Sierra Leone entsandten britischen Truppen durchschnittlich 483 von 1000 Soldaten. Und es gab noch verheerendere Beispiele. So verloren während der Mosambik-Expedition unter dem Kommando von William Bolts 132 von 152 Europäern das Leben, während der Lander-Laird-Expedition zum Niger im Jahr 1832 waren es 40 von 49.

Gegen andere Tropenkrankheiten wie Gelbfieber und Ruhr zeigte die »peruvianische Rinde« wenig Wirkung, und bis Chinin gebrauchsfertig dosiert erhältlich war, galt die Rinde nicht unbedingt als verlässliches bzw. unverzichtbares Mittel. Ab

Oben: Mauve, die zufällig beim Versuch einer Chininsynthese entdeckte Farbe, Postkarte aus dem frühen 20. Jahrhundert

Gegenüber: Der sterbende David Livingstone (schottischer Afrikaforscher, 1813–1873) wird zu seiner Hütte getragen, *The Last Mile*, *The Life and Explorations of David Livingstone* (1887)

Ende des 18. Jahrhunderts setzte die britische Marine zwar gelegentlich Chinin zur Vorbeugung ein. Der Wert, den das Therapeutikum auch als Präventionsmittel besaß, wurde allerdings erst 1854 nachgewiesen, als Kapitän William Balfour Baikie (1824–1864) den Befehl zu einer Forschungsexpedition auf dem Niger erhielt. Baikie war Arzt und sorgte dafür, dass jeder der ihm unterstellten Europäer täglich eine Dosis Chinin einnahm. Sie alle kehrten lebend von der Expedition zurück. Der Erfolg dieser Expedition ebnete den Weg für weitere Erkundungen, und die imperialen Nationen lieferten sich einen »Wettlauf um Afrika«.

Chinin als Präventionsmittel machte auch der Missionsarzt und Afrikaforscher David Livingstone (1813–1873) populär, der es 20 Jahre lang erfolgreich bei seinen Reisen durch Ost- und Zentralafrika einsetzte. Bevorzugt verwendete er eine Mischung aus Chinin und Abführmitteln wie Jalape und Kalomel und entwickelte Chinin-Pillen, die schließlich als *Livingstone's Rousers* (»Livingstones Muntermacher«) vermarktet wurden. Als ihm einmal die Arzneivorräte gestohlen wurden, notierte

Livingstone in seinem Tagebuch: »*Mir war, als hätte man die Todesstrafe über mich verhängt.*« Nur wenig später starb er an den Folgen von Malaria und Ruhr.

DIE JAGD NACH CINCHONA-BÄUMEN: DREI ENTDECKER

Um 1850 gab die indische Regierung pro Jahr umgerechnet 500.000 britische Pfund für importierte Chinarinde aus. Für das imperiale Britannien wurde daher der Eigenanbau immer dringlicher. Kew Gardens, die bedeutendste botanische Einrichtung Großbritanniens, leistete dabei wichtige Dienste: Für die Anzucht der für Indien vorgesehenen *Cinchona*-Jungpflanzen wurde eigens ein gläsernes Warmhaus errichtet, und man unterstützte die Umsiedlung von Pflanzen in verschiedene Teile der Welt mit Wissen und Experten. Nur die Bäume fehlten noch.

1859 fand daher unter der Leitung des Geografen Clements Markham und des Direktors von Kew Gardens, Sir William Hooker, eine Expedition zur Beschaffung von Chinarindenbäumen statt. Obwohl Markham kaum über botanische Kenntnisse verfügte, wurde er für die Expedition

DIE WARDSCHEN KÄSTEN

1829 experimentierte der englische Arzt Nathaniel Ward mit einem erdgefüllten Gefäß, in das er einen Mottenkokon legte, um den Schlupf abzuwarten. Wie er beobachtete, keimten darin nach einiger Zeit Farne und Gräser. Ward stellte das Gefäß an ein sonniges Fenster und beobachtete ihre Entwicklung drei Jahre lang. Dabei entdeckte er, dass Luft und Feuchtigkeit in einem verschlossenen Behälter die Pflanzen am Leben hielten.

Damit hatte Ward eine Lösung für ein großes Problem gefunden, nämlich Pflanzen auf langen Reisen durch verschiedene Klimazonen am Leben zu erhalten. Zusammen mit dem Londoner Gärtnereibesitzer George Loddiges schickte Ward 1833 ein erstes transportables Gewächshaus auf die Reise ins australische

Sydney und zurück. Die Pflanzen überlebten die mehrmonatige Fahrt, und die Praxistauglichkeit des Wardschen Kastens war erwiesen. Bis in die 1960er-Jahre reisten *Cinchona*-Setzlinge und Tausende andere Arten in tragbaren Gewächshäusern aus Holz und Glas um die ganze Welt, bevor sich die Luftfracht durchsetzte.

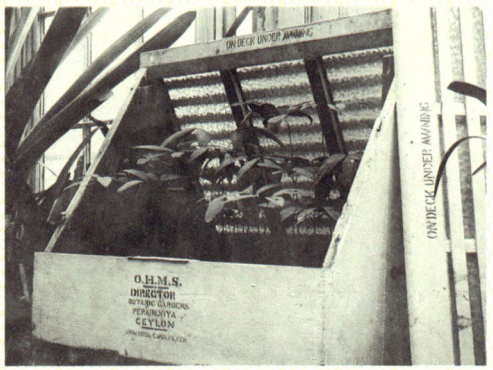

ausgewählt, da er Peru bereits für seinen Bericht über die Geschichte des Landes bereist hatte. Wie die meisten südamerikanischen Nationen hatte Peru noch nicht lange zuvor die Unabhängigkeit von Spanien erlangt. Aufgrund der damit einhergehenden politischen Instabilität konnte man davon ausgehen, dass die Reise nicht planmäßig verlaufen würde. Als Markham im Januar 1860 in Peru eintraf, sagte man ihm, wer versuche, die Bäume zu stehlen, dem würden zur Strafe die Füße abgehackt. Als er dann in der Provinz Carabaya *Cinchona*-Pflanzen sammelte, kam ihm der Befehl zu seiner Verhaftung zu Ohren. Umgehend eilte er mit 450 Pflanzen – gut verpackt in Wardschen Kästen (siehe S. 48) – an die Küste und sandte sie bis Juni desselben Jahres über Kew nach Indien.

Ein weiterer Botaniker im Umfeld William Hookers war der aus Yorkshire stammende Richard Spruce, der schon im Alter von 19 Jahren ein umfassendes Buch über heimische Pflanzen veröffentlicht hatte. Seine Fähigkeiten erregten die Aufmerksamkeit Hookers, der ihn mit dem Sammeln von Pflanzen im Amazonasregenwald beauftragte. Er traf 1849 in Südamerika ein und war somit schon zehn Jahre dort, als Markham engagiert wurde.

Spruces Auftrag war die Suche nach dem wertvollen rotrindigen Chinarindenbaum *Cascarillo roja*, der im bergigen Umland des Vulkans Chimborazo in Ecuador wuchs. Trotz massiver Probleme gelang es Spruce, 637 Pflanzen und 100.000 Samen zu sammeln. Gemeinsam mit den Gärtner Robert Cross aus Kew machte er sich daran, die Pflanzen auf dem Flussweg zur Küste zu transportieren, wo sie auf ein Schiff verladen werden konnten. Da der Fluss Hochwasser führte, war die Reise voller Gefahren: Die Pflanzen wurden auf dem Boot umhergeworfen und nur ihre sorgsame Verpackung verhinderte ihren Verlust. Am Hafen von Guayaquil verlud Cross die Pflanzen auf einen Dampfer und erreichte Kew im Oktober 1860.

Eng mit der Geschichte der Chinarindenbäume verbunden ist auch der britische Entdecker Charles Ledger. Ursprünglich in den 1830er-Jahren nach Südamerika gekommen, um Landwirtschaft zu betreiben, zog er mit einer Alpakaherde über die Anden nach Chile, um sie nach Australien zu verschiffen. Das Unternehmen zehrte Ledgers sämtliche Mittel auf, sodass er sich 1861 den Fieberrindenbäumen zuwandte.

Oben links: Sir Clements Robert Markham (1830–1916), Wellcome Collection

Oben Mitte: Richard Spruce (1817–1893)

Oben rechts: Charles Ledger (1818–1905), Wellcome Collection

Gegenüber: Ein Wardscher Kasten auf dem Weg nach Sri Lanka (spätes 19. Jahrhundert)

Abbildung nach Alexander von Humboldts be-
rühmtem *Naturgemälde* (1807), einer frühen
Informationsgrafik zur Höhengliederung der
Andenvegetation

Höhenkarte der *Cinchona*-Vorkommen in den
Anden, *Versuch einer Monographie der China*,
Heinrich von Bergen (1826)

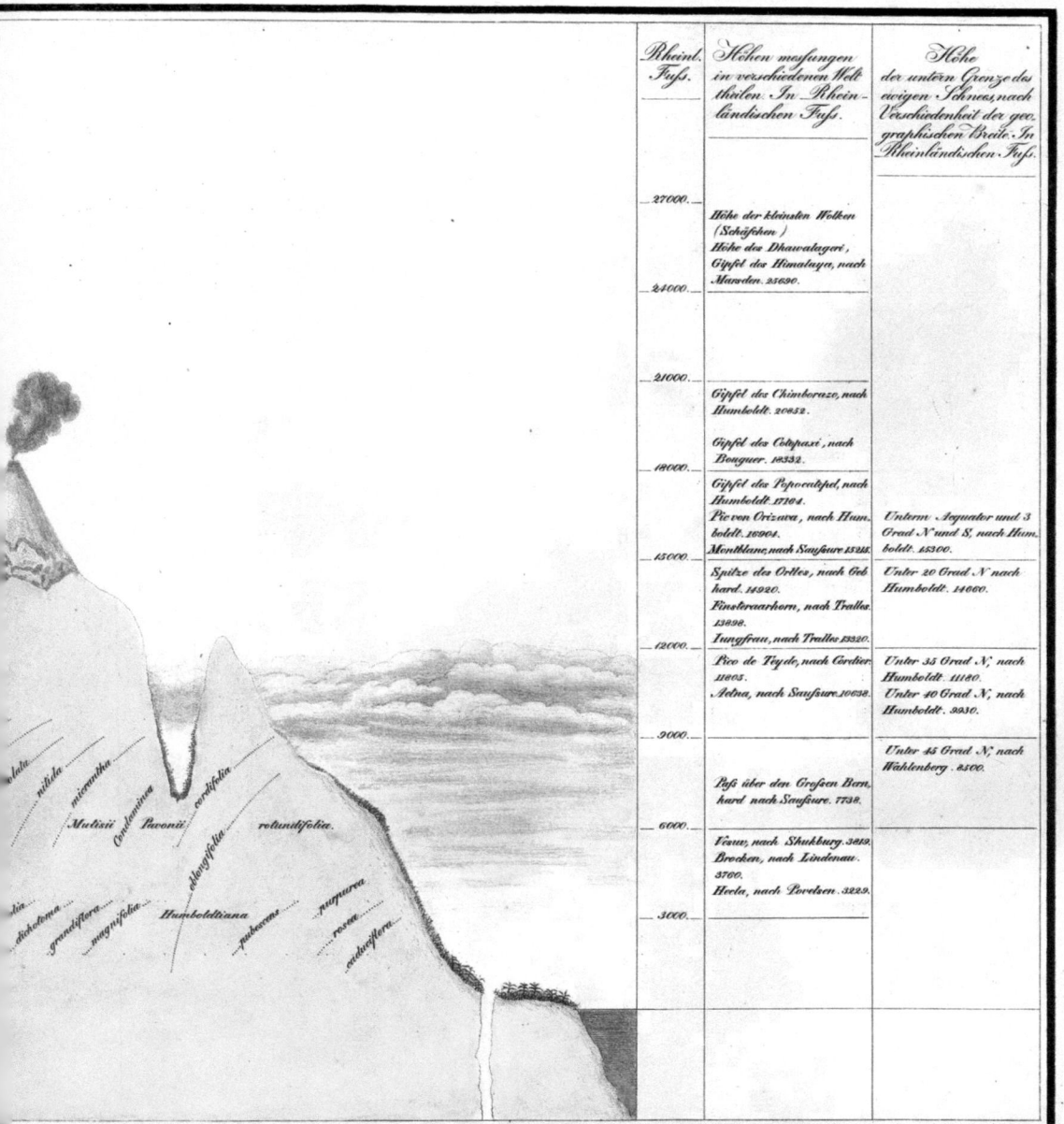

Rheinl. Fuß.	Höhen messungen in verschiedenen Welttheilen. In Rheinländischen Fuß.	Höhe der untern Grenze des ewigen Schnees, nach Verschiedenheit der geographischen Breite. In Rheinländischen Fuß.
27000		
	Höhe der kleinsten Wolken (Schäfchen)	
	Höhe des Dhawalageri, Gipfel des Himalaya, nach Marsden. 25690.	
24000		
21000		
	Gipfel des Chimborazo, nach Humboldt. 20052.	
	Gipfel des Cotopaxi, nach Bouguer. 18332.	
18000	Gipfel des Popocatepel, nach Humboldt. 17104.	
	Pic von Orizava, nach Humboldt. 16901.	Unterm Aequator und 3 Grad N und S, nach Humboldt. 15300.
	Montblanc, nach Saussure 14218.	
15000	Spitze des Ortles, nach Gebhard. 14920.	Unter 20 Grad N nach Humboldt. 14660.
	Finsteraarhorn, nach Tralles 13298.	
	Jungfrau, nach Tralles 13320.	
12000	Pico de Teyde, nach Cordier. 11805.	Unter 35 Grad N, nach Humboldt. 11180.
	Aetna, nach Saussure. 10638.	Unter 40 Grad N, nach Humboldt. 9930.
9000		Unter 45 Grad N, nach Wahlenberg. 8500.
	Paß über den Großen Bernhard nach Saussure. 7738.	
6000	Vesuv, nach Shukburg. 3819. Brocken, nach Lindenau. 3700. Hecla, nach Povelsen. 3229.	
3000		

nitida   micrantha   cordifolia
Mutisii   Condaminea Pavonii   rotundifolia
dichotoma   grandiflora   magnifolia   Humboldtiana   pubescens   purpurea   rosea   angustifolia

der Cinchonen.

Ledgers Trumpf hieß Manuel Incra Mamani: Mit ihm verband Ledger eine über 20-jährige Freundschaft, er war sein Assistent und verfügte als gebürtiger Bolivianer über umfassende Kenntnisse vor Ort. Schon bei früheren Expeditionen hatte er seine Ortskenntnisse und Fähigkeiten bei der fachkundigen Beurteilung der Qualität von Chinarinden unter Beweis gestellt. Daher nahm Ledger seine Mitarbeit in Anspruch, um Samen der wirkstoffreichsten Chinarindensorten zu beschaffen. Als er schließlich vielversprechende Bäume gefunden hatte, war ihre Blütezeit jedoch bereits vorüber. Erst vier Jahre später, im Jahr 1865, erhielt Ledger eine Lieferung von rund 20 Kilogramm Samen. Als er die Samen an Kew verkaufen wollte, war William Hooker gestorben. In Indien nutzte Kew zu dieser Zeit bereits Samen von Spruce, und mangels anderer Experten wies man Ledgers Samen zurück. Verzweifelt suchte er einen anderen Käufer, woraufhin ihm der Londoner Pharmahersteller und Cinchona-Experte John Eliot Howard riet, sich an die Niederländer zu wenden. Ledger verkaufte ihnen ein Pfund Saatgut

für 20 britische Pfund (heute rund 1150 Euro) sowie eine kleine Menge an einen privaten Pflanzer in Indien. Mamani wurde wegen seiner Rolle bei dem Saatgutschmuggel verhaftet, misshandelt und verstarb kurz darauf. Die Samen aber sollten – wenn auch spät – weitreichende Bedeutung für den Cinchona-Anbau in Asien erhalten.

DIE ÄRA DER PLANTAGEN

Zwar wurden die Pflanzen zu ihren jeweiligen Plantagen gebracht, der Alkaloidgehalt ließ sich aber erst nach etwa 15 Jahren bestimmen, wenn die Bäume ausgewachsen waren. Die Auswahl der zu pflanzenden Bäume war ein Glücksspiel, und wer als Erster Saatgut erhielt, hatte damit noch lange nicht den Erfolg gepachtet. Denn die von Haßkarl, Markham, Spruce und Ledger gesammelten Cinchona-Pflanzen mussten ihren Wert erst noch beweisen.

Haßkarl erreichte 1851 die von den Niederländern kolonisierte Insel Java und brachte 75 Pflanzen zur Plantage Cibodas. Zu Ehren des niederländischen Kolonialministers Charles Ferdinand Pahud, der die Expedition initiiert hatte, nannte er sie

Rechts: In indischen Postämtern vertriebene Beutel mit Chinin-Einzeldosen

Gegenüber: Setzlinge von *Cinchona pubescens* in Kew

Cinchona pahudiana. Wie sich jedoch herausstellte, war der Chiningehalt der Rinde mit 0,2 Prozent sehr gering.

Während die Niederländer erkannten, dass ihre Bäume weniger wertvoll waren als erhofft, erreichten Markhams 450 Setzlinge die staatlichen britischen Plantagen in Indien. Nach einer katastrophalen Überfahrt mit Verzögerungen, Flauten und widriger Witterung gedieh keine einzige Pflanze. Besser machten sich die Spruce und Cross zu verdankenden Pflanzungen von *Cinchona succirubra* und *C. officinalis*: Ihre Rinden wiesen einen höheren Alkaloidgehalt auf. Neben ein bis fünf Prozent Chinin enthielten sie auch weitere wirksame Chinolin-Alkaloide, sodass sie bestens für die Herstellung von Malariamitteln geeignet waren.

Das Saatgut von Ledger und Mamani hatte Kew zurückgewiesen. Nun befand es sich in den Händen der Niederländer und erhielt in Würdigung des Händlers, der es ihnen vermittelt hatte, den Namen *Cinchona ledgeriana*. Die daraus gezogenen Pflanzen gediehen im indonesischen Klima gut und wiesen einen bemerkenswert hohen Anteil an reinem Chininalkaloid auf (5–13 Prozent).

Inzwischen waren einige Samen, die Ledger an private Plantagenbesitzer und Sammler verkauft hatte, an staatliche britische Plantagen in Indien gelangt. Mangels

Eignung für die indischen Umweltbedingungen gediehen sie hier jedoch nicht. Stattdessen stellten die Briten Malariamittel aus einer Mischung verschiedener *Cinchona*-Alkaloide her, die aus den Rinden indischer Plantagenbäume stammten und sich in medizinischen Studien vielfach als ebenso wirksam wie Chinin erwiesen hatten. Auf diese Weise ließen sich für den Gebrauch im Militär Arzneimittel zum Selbstkostenpreis bereitstellen.

Die Niederländer zielten insbesondere auf den Export und pflanzten auf Java *Cinchona ledgeriana* wegen ihres hohen Chiningehalts. Die Briten hingegen hatten vor allem lokale Interessen im Blick und züchteten in Indien bewusst Arten und Hybriden, die möglichst gut an das vorherrschende Klima angepasst waren und einen hohen Gehalt aller vier Chinolinalkaloide aufwiesen. Ab 1883 beherrschten *Cinchona*-Rinden aus Süd- und Südostasien den Handel. Sie sicherten dem britischen Empire die Eigenversorgung und verdrängten die südamerikanischen Produkte vom Markt.

IMPERIALE MOTIVE

»... um die Versorgung verlässlicher, billiger und weitreichender zu gestalten, konnte der Menschheit kein größerer Segen zuteilwerden als die Einführung dieser Bäume in Indien und gleichgearteten Regionen.« (Clements Markham)

CINCHONA PAHUDIANA, Howard
Cascarilla crespilla chica
1 Bark Wenham's ...
2 Bona Vera ...

P. 8

CINCHONA OFFICINALIS,
var y Tragathoana & Lamb.Nov
Amarilla del Rey

VIII

CINCHONA ....
1 Bark ....
....

Oben: Ansicht des Vulkans Salak (Java) von Buitenzorg (Bogor) aus, Marianne North (1880)

Oben links: *Cinchona calisaya* (früher *C. pahudiana*), *Illustrations of the Nueva Quinologia of Pavon*, John Eliot Howard, Illustrationen von William Fitch (1862)

Oben rechts: *Cinchona officinalis, The Quinology of the East Indian Plantations*, John Eliot Howard, Illustrationen von William Fitch (1869)

Unten links: *Cinchona calisaya var. ledgeriana, The Quinology of the East Indian Plantations*, John Eliot Howard, Illustrationen von William Fitch (1869)

Unten rechts: *Cinchona pubescens* (früher *C. succirubra*), *Illustrations of the Nueva Quinologia of Pavon*, John Eliot Howard, Illustrationen von William Fitch (1862)

CHINARINDE IN DEN KEW-SAMMLUNGEN

Die Kew Gardens besitzen die weltweit größte Sammlung an *Cinchona*-Rinden und -Herbarexemplaren (gepresste Pflanzen). Alle Stücke datieren aus dem späten 18. Jahrhundert bis heute. Die wirtschaftsbotanische Sammlung umfasst 1000 Rinden und Artefakte sowie fast 1000 gepresste Pflanzen. Zudem verfügt die Abteilung »Bibliothek, Kunst & Archive« über einen umfangreichen Bestand an Originalquellen. Neben Bänden mit botanischen Illustrationen sind darunter auch die *Miscellaneous Reports*, archivierte Schriftwechsel und Berichte zum *Cinchona*-Anbau in britischen Kolonien des 19. Jahrhunderts aus Indien und Sri Lanka.

Etwa die Hälfte der Rindenproben in Kew hat John Eliot Howard (1807–1883) zusammengetragen. Der Spross einer Familie von Arzneimittelherstellern machte sich schon früh einen Namen als Chemiker, Botaniker sowie *Cinchona*- und Chinin-Experte. Das Familienunternehmen Howards and Sons war von Mitte des 19. Jahrhunderts bis Anfang des 20. Jahrhunderts Branchenführer in der Chininherstellung.

Howard besorgte sich Chinarindenstücke in den London Docks und den Handelshäusern. Er nahm chemische und mikroskopische Untersuchungen vor und veröffentlichte zahlreiche Beiträge zur Bestimmung von *Cinchona*-Arten anhand ihrer Rinde (siehe S. 10). Zudem kümmerte er sich nicht nur um die Geschäftsinteressen des Familienunternehmens, sondern beriet auch die britische Regierung bei der Ansiedelung von *Cinchona*-Bäumen in Indien.

Die Rindenproben der Sammlung repräsentieren Howards lebenslanges Streben nach Verständnis von Botanik und Chemie der *Cinchona*-Bäume und stehen beispielhaft für den Andennebelwald des 19. Jahrhunderts sowie seine heutige Ausbeutung. Die Sammlungsstücke werden nach wie vor für Forschungszwecke verwendet und bieten beispielsweise Forschern der Universität Kopenhagen, des Nationalherbars Bolivien und aus Kew selbst Probenmaterial für chemische und genetische Analysen. Diese gewähren neue Einblicke in die Zusammenhänge von Evolution und Umwelt, die für den Chiningehalt der Bäume verantwortlich sind.

Wie das Zitat auf S. 53 andeutet, nahmen imperiale Strategen wie Markham keine Rücksicht auf nationale Souveränität und die Einwilligung der Einheimischen, wie sie heutigen Pflanzentransfers zugrunde liegen. Die Beteiligten des *Cinchona*-Projekts rechtfertigten ihr Tun mit humanitären Argumenten. Tatsächlich wurden weitreichende Maßnahmen ergriffen, um Chinin in Indien so weit wie möglich zu verbreiten, indem man es möglichst billig bei Postämtern verkaufte. Die britischen Besatzer Indiens kümmerten sich um das körperliche Wohlergehen der einheimischen Bevölkerung in erster Linie deshalb, weil sie gesunde und entsprechend produktive Arbeitskräfte benötigten. Unter Historikern sind die Beweggründe und tatsächlichen Auswirkungen des *Cinchona*-Projekts auf die öffentliche Gesundheit jedoch umstritten. Zweifellos geschah es im Rahmen einer repressiven Imperialpolitik und seine Haupt-

Oben: John Eliot Howard (1807–1883) sammelte und untersuchte zahlreiche Chinarindenproben von Kew

Gegenüber: Chinarindenbündel, Etikett mit Angaben zu den von John Eliot Howard analysierten chemischen Inhaltsstoffen (*Economic Botany Collection*)

tiebfeder waren Handel und Kolonialismus. Vor diesem Hintergrund gelangten die Pflanzen rund um die Welt – ohne Rücksicht auf die Rechte von Völkern und Nationen oder die Auswirkungen ihres Anbaus auf die Umwelt.

DER NIEDERGANG VON CHININ ALS MEDIKAMENT

1942, als sich Japan und die USA als Kriegsgegner im Pazifik gegenüberstanden, erlangte Japan die Kontrolle über die indonesischen *Cinchona*-Plantagen, die die Grundstoffe für die US-amerikanische Chininproduktion lieferten. Die Beschaffung von Ersatzmedikamenten für die Truppen in tropischen Klimaten war daher für die USA von großer Bedeutung.

1943 testeten US-amerikanische Chemiker ein synthetisches Malariamittel der französischen Behörden, das 1934 Johann Andersag beim deutschen Pharmaunternehmen Bayer entwickelt hatte. Die patentierte Substanz erwies sich in klinischen Studien als hochwirksam. In »Chloroquin« umbenannt, erfuhr das Mittel ab 1946 eine weltweite Verbreitung, und Chinin büßte seinen Rang als wichtigstes Antimalariamittel ein. Obwohl natürliche Alkaloide weiterhin eingesetzt wurden, begann eine neue Ära, und synthetische Arzneimittel lösten die aus Pflanzen gewonnenen Substanzen allmählich ab. Zur Abkehr von Chinin trug auch ein Befund aus den 1890er-Jahren bei: Malariaparasiten entwickelten vereinzelt Resistenzen gegen Chinin, sodass es in einigen Regionen immer weniger wirksam wurde.

Heute wird Chinin teilweise noch gegen Lupus und rheumatoide Arthritis eingesetzt. Gegen Malaria empfiehlt es die Weltgesundheitsorganisation (WHO) jedoch nur bei arzneimittelresistenten Krankheitsformen. Chinin hat jedoch noch weitere medizinische Anwendungen. So wird es z. B. zur Linderung von Wadenkrämpfen verschrieben. Einige Betroffene schwören auf ein allabendliches Glas Tonic Water, obwohl die enthaltene Chininmenge wahrscheinlich zu gering ist, um Wirkung zu zeigen.

Oben: Urwaldrodung (Java, vermutlich Ende des 19. Jahrhunderts), Wellcome Collection

Mitte: Pflanzung von *Cinchona*-Bäumen (Java), Wellcome Collection

Unten: Ernte und Verarbeitung von Chinarinde auf einer Plantage (Java)

Oben: Sonnentrocknung von Chinarinde (Java), Wellcome Collection

Mitte: Verarbeitung von Chinarinde in einer niederländisch-javanischen Chininfabrik, Wellcome Collection

Unten: Innenansicht einer Fabrik zur Chininextraktion (Mangpoo, Indien), Wellcome Collection

DUCKWORTH & CO.

TEIL II

DIE KULTUR-GESCHICHTE

DES

TONIC WATERS

4.

SPRITZIG-FRISCH

DIE GESCHICHTE DES SODAWASSERS

	MEDIZINISCHES MINERALWASSER	
	JOSEPH PRIESTLEY UND SEIN KARBONISIERTES WASSER	
	SPRUDEL GEGEN SKORBUT	VERBESSERTE APPARATE
SODAWASSER UND DAS SCHWEPPES-IMPERIUM		SODAWASSER IN APOTHEKEN

S oda findet heute kaum noch Zuspruch. Zwar entdeckt man es hinter jedem Bartresen. Dort füllt es jedoch als karbonisiertes Leitungswasser Kunststoffsiphons oder kleine Flaschen, um Spirituosen eine gewisse Spritzigkeit zu verleihen. Dabei war Soda – also kohlensäurehaltiges Wasser – einmal eine Sensation, die vor allem wegen ihrer medizinischen Eigenschaften geschätzt wurde. Die Erfindung von Sodawasser führt zwei Entwicklungsstränge zusammen: einerseits den jahrtausendealten Glauben an die Heilkraft von Mineralwas-

ser, andererseits die Entdeckung des Kohlendioxids im 18. Jahrhundert.

MEDIZINISCHES MINERALWASSER

Von altägyptischen Schönheitskuren mit Wasserdampf bis zur medizinischen Hydrotherapie der alten Griechen – Trinkkuren, Waschungen und (Dampf-)Bäder mit heißem oder kaltem Wasser wurden seit jeher für ihre positive Wirkung auf Gesundheit und Wohlbefinden geschätzt. Schon der berühmteste medizinische Text des alten Griechenlands, die hippokratischen Schriften aus dem 4. und 5. Jahrhundert v. Chr., weisen verschiedenen Mineralwässern spezifische Wirkungen bei der Behandlung unterschiedlicher Krankheiten zu. Mit dem Aufstieg des Römischen Reiches wurden Bäder in ganz Europa immer beliebter und gehörten in den

Gegenüber: Sodawassermaschine der Firma Hayward Tyler & Co., *The Chemist and Druggist* (1880), Wellcome Collection

Vorherige Seite: *Imperial Quinine Tonic* (um 1900), Wellcome Collection

antiken Städten zum Alltag – schließlich verbanden sie Wohlbefinden mit Vergnügen.

Die belgische Stadt Spa, bekannt für ihre berühmten Mineralquellen, wurde zum Namenspatron für hydrotherapeutische Anwendungen. Im 18. und 19. Jahrhundert erlebten (Mineral-)Bäder eine neue Blütezeit. In ihnen suchte man Heilung und Genesung, die oberen Schichten besuchten sie der Geselligkeit wegen und während der Kuranwendungen ließen sich nebenbei auch zarte Bande knüpfen. Einen einschlägigen Ruf unter den Kur- und Badeorten hatte z. B. die Stadt Bath im englischen Somerset, die die passende Kulisse für viele schriftstellerische Werke dieser Zeit, darunter der Roman *Überredung* von Jane Austen, lieferte.

Den gesunden Quellen und (Mineral-)Bädern auf der einen Seite standen auf der anderen malariaverseuchte stehende Gewässer gegenüber. Es drängte sich daher die Frage auf, was einige Gewässer so gesund machte und andere wiederum nicht. Und so experimentierte man im 18. und 19. Jahrhundert mit verschiedenen Mineralwässern, um deren jeweiligen Heilkräften auf die Spur zu kommen. Dem Umfeld dieser lebhaften Forschungstätigkeit entsprang das Massenprodukt Mineralwasser.

Thermalbad in Bath (Somerset, England), *The English Spy*, Robert Cruikshank (1825), British Library

JOSEPH PRIESTLEY UND SEIN KARBONISIERTES WASSER

Die Entwicklung von Sprudelwasser ist einer langen Reihe von Wissenschaftlern zu verdanken. Die wichtigste Erfindung bestand darin, Kohlendioxid (CO_2) unter Druck in Wasser zu lösen, wodurch das »perlende Schillern« entstand, das ein Autor jener Zeit beschrieb.

Der schottische Chemiker Joseph Black (1728–1799) wies 1755 nach, dass beim Auflösen von Kalk in Säure ein – heute Kohlendioxid genanntes – Gas entsteht. Dieses »elastische Fluidum« wurde »fixe Luft« genannt. Zehn Jahre später stellte der britische Chemiker William Brownrigg (1711–1800) einen Zusammenhang zwischen dieser »fixen Luft« und Mineralwasser her. Seine Forschungsergebnisse präsentierte er der britischen Gelehrtengesellschaft Royal Society in einer Veröffentlichung. Hierin berichtete er über seine Reise ins belgische Spa, dessen Mineralwasserquellen er untersucht hatte. Brownrigg füllte eine Glasfla-

Joseph Priestley (1733–1804), Erfinder des karbonisierten Wassers (1782), Wellcome Collection

sche mit dem Wasser und befestigte über der Öffnung einen Ballon aus einer Kalbsblase als Auffangefäß. Als er das Wasser erhitzte, dehnte sich der Ballon aus, was bewies, dass aus dem Wasser Gas freigesetzt wurde. Wie Brownrigg nachwies, handelte es sich dabei um Blacks »elastisches Fluidum«. Nachdem das Gas entwichen war, trübte sich das Wasser und verlor an Geschmack und Frische. Dies wiederum zeigte, dass das Gas für die gesundheitsfördernden Eigenschaften des Wassers verantwortlich war. Weiter

wies Brownrigg darauf hin, dass diese Gase auch bei der Gärung entstehen. Diese Fragen interessierten auch Joseph Priestley, den Erfinder des karbonisierten Wassers.

Der in Leeds geborene Joseph Priestley (1733–1804) war ein unitarischer Prediger mit breit gefächerten Interessen. Heute ist Priestley vor allem für seine Arbeiten über gasförmige Elemente bekannt, darunter die Entdeckung des Sauerstoffs und des später in der Anästhesie verwendeten Lachgases.

DAY MORNING

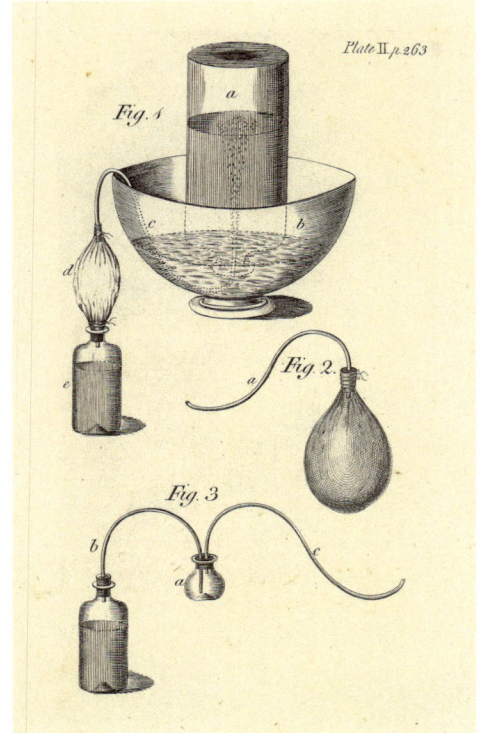

Plate II. p. 263

Fig. 1

Fig. 2

Fig. 3

Wasser mit einer fixen Luft schwängern soll. Dabei wurde eine Glasflasche mit einer kalkhaltigen Lösung gefüllt, in die man Schwefelsäure leitete. Über einen ledernen Schlauch gelangte das dabei freigesetzte Kohlendioxid von der Flasche in ein Glas mit Wasser, wo es sich löste und das Wasser zum Sprudeln brachte. Priestley wies auch auf die Möglichkeit hin, schales Bier mit karbonisiertem Wasser aufzufrischen.

SPRUDEL GEGEN SKORBUT

Priestleys Erfindung des karbonisierten Wassers fiel zeitlich mit den Theorien des irischen Marinearztes David Macbride zusammen. Dieser hatte 1764 die Verwendung von »fixer Luft« bei Fäulnisprozessen des Körpers empfohlen. Mit Priestleys neuartigem »imprägniertem Wasser«, so glaubte Macbride, ließen sich z.B. Bein- oder Halsgeschwüre oder gar Skorbut behandeln. Letztere Verwendungsmöglichkeit weckte die Aufmerksamkeit der britischen Admiralität. Schließlich war die Krankheit die »Plage der Seeleute« und ein großes Problem auf den immer länger werdenden Seereisen.

Unter dem Einfluss Macbrides beschloss die Admiralität, Meerwasser auf Seereisen zu Süßwasser zu destillieren und es anschließend zu karbonisieren. Man rüstete zwei Schiffe mit von Priestley entworfenen Karbonisierungsanlagen aus: die HMS Resolution und die HMS Discovery, auf der James Cook wenig später seine zweite Südseereise antrat. In der Folgezeit stellte sich jedoch heraus, dass kohlensäurehaltiges Wasser gegen Skorbut wirkungslos war, und bis vitamin-C-haltige Früchte als geeignetes Heilmittel entdeckt wurden, vergingen noch 40 Jahre. Dass Zitrusfrüchte Skorbut heilen, hatte der schottische Arzt James Lind 1753 in einem

Fasziniert von gasförmigen Elementen, experimentierte Priestley mit Blacks »fixer Luft«, die, wie er feststellte, den Gärbottichen einer benachbarten Brauerei entströmte. Über Nacht hängte er ein Schälchen mit Wasser über einem Bierfass auf, und am nächsten Tag hatte das Wasser eine »*deutlich wahrnehmbare und angenehme Imprägnierung erfahren; und mit eigentümlicher Genugtuung trank ich erstmalig jenes Wasser, das wohl das erste seiner Art war, das je ein Mensch verkostete.*« Schon bald wurde Priestley jedoch vom aufgebrachten Brauereibesitzer aus dem Betrieb verbannt, nachdem er versehentlich ein Fass Bier verdorben hatte, als er ihm Chemikalien zusetzte. Unbeirrt setzte der Wissenschaftler daraufhin seine Experimente zu Hause fort. Praktisch veranlagt, behalf er sich hier mit einer Laborausstattung aus Biergläsern und Waschbottichen. Sein Verfahren zur Herstellung von kohlensäurehaltigem Wasser erläuterte Priestley in seiner 1772 veröffentlichten Arbeit *Anweisung, wie man das*

der frühesten medizinischen Experimente nachgewiesen. Es dauerte jedoch bis in die 1790er-Jahre, bis man schließlich Fässer mit Zitronensaft mit an Bord der Schiffe nahm. Später verwendete man Limettensaft, was den britischen Matrosen den Spitznamen »Limeys« einbrachte.

Joseph Priestley indes zog nie einen finanziellen Gewinn aus seiner Erfindung. Für seine wissenschaftlichen Errungenschaften erhielt er jedoch 1773 die Copley-Medaille der Royal Society und gut 100 Jahre später, im Jahr 1874, setzte man ihm in Birmingham für seinen Beitrag zur Geschichte der Medizin und der Getränkeindustrie ein Denkmal.

VERBESSERTE APPARATE

Die Konstruktion von Priestleys Apparatur zur »Imprägnierung von Wasser« mit »fixer Luft« wurde in der Folgezeit mehrmals weiterentwickelt. Die wichtigste Verbesserung nahm 1774 John Mervin Nooth (1712–1828) vor: Er erhöhte die Produktivität des Verfahrens, indem er unter Luftausschluss verbundene Glasgefäße sowie ein Einwegventil nutzte. Der Apparat konnte gebrauchsfertig verkauft werden und war kompakt genug, um auf der heimischen Anrichte Platz zu finden. Allerdings kam es vor, dass ein Ventilteil klemmte, sodass der sich aufbauende Druck zu Explosionen führen konnte. Aus dem Noothschen Apparat entwickelten der Chirurg Robert Liston und der Chemiker Peter Squire schließlich 1846 einen gasliefernden Inhalator für die Vollnarkose. Spätere Erfinder modifizierten diese Apparatur, um mithilfe verschiedener Chemikalien die Zusammensetzung der Mineralwässer unterschiedlicher Heilbäder nachzuahmen. Dies ermöglichte es Ärzten, für bestimmte Beschwerden das jeweils passende Heilwasser zu verordnen, das dann in Apotheken erhältlich war.

SODAWASSER UND DAS SCHWEPPES-IMPERIUM

Anfang des 19. Jahrhunderts war karbonisiertes Wasser als Wundermittel in aller

Munde: Es erhielt die Gesundheit, unterstützte die Genesung und half gegen Krankheiten wie Gicht, Rheuma und Verdauungsstörungen. Medizinische Fachzeitschriften und Zeitungen bewarben Trinkwassersprudler für Apotheken und den privaten Hausgebrauch sowie gebrauchsfertig abgefülltes Sodawasser. Die früheste Glasflasche, die dem Druck des karbonisierten Wassers standhalten konnte, war die eiförmige, wiederverwendbare Flasche des Entwicklers William Hamilton. Hamilton entwarf sie 1809 in Zusammenarbeit mit dem Dubliner Unternehmer Augustine Thwaites, der als Erster ein Patent für Sodawasser erhielt.

Bis in die 1760er-Jahre entsprach das sprudelnde Nass allerdings noch nicht dem Sodawasser, das wir heute kennen, da ihm das zugesetzte Natriumhydrogencarbonat

Die heilende Wirkung von Sodawasser, Karikatur von George Cruikshank (um 1840), Wellcome Collection

Mr. Lambkin suddenly feels rather poorly, someting in the "whitebait dinner," having disagreed with him; probably the "water souchy," or that confounded melted butter, (could'nt possibly have been the wine.) His friends endeavor to relieve him with little Drops of Brandy, and large doses of Soda Water.

fehlte. Ab 1767 wurde der Zusatz dieses Salzes allmählich gebräuchlich, nachdem der Apotheker Richard Bewley aus Norfolk festgestellt hatte, dass es die Absorption der »fixen Luft« förderte. Bewley vertrieb sein Produkt unter der Bezeichnung »mephitischer Julep«. Der Name »Sodawasser« wurde erst gebräuchlich, nachdem Thwaites 1799 unter dieser Bezeichnung das Patent für sein Produkt erhalten hatte. Umso mehr, als wenig später auch die Firma Schweppes diesen Namen verwendete.

Ebenso bekannt wie das Sodawasser selbst ist inzwischen der Name des Mannes, der es zum allseits bekannten Produkt

machte und der heute zahlreiche Flaschen ziert: Jacob Schweppe wurde 1740 als Bauernsohn in Witzenhausen im heutigen Hessen geboren. Schon früh zeigte er handwerkliches Geschick und stieg dank seiner kreativen Ader schnell vom Werkstattgehilfen zum Silberschmiedlehrling auf. Später wurde er Juwelier und ließ sich in Genf nieder. Inspiriert von Priestleys Erfindung des Sprudelwassers, feilte er am Entwurf der Originalapparatur, um sie zur Perfektion zu treiben. Schweppe war geschickt im Lösen praktischer Probleme und ausgetüftelte Gerätschaften lagen ihm mehr am Herzen als das Geschäftliche. Und so erhielten Genfs

sich aus England zurückzuziehen, sollten die Geschäfte nicht besser laufen. Schweppe blieb jedoch, und die Partnerschaft mit Paul und Gosse wurde aufgelöst. Von nun an blieb das Geschäft unberührt von internen Reibereien und das in Steingutflaschen abgefüllte karbonisierte Wasser fand bald neue Anhänger – darunter Erasmus Darwin, Großvater von Charles Darwin und einer der angesehensten Wissenschaftler seiner Zeit. All dies verhalf dem Produkt zu größerem Ansehen und das Unternehmen wuchs. Durch weitere Verbesserungen an den Maschinen und einen feinen Geschäfts-sinn – etwa, indem er bei Großaufträgen Rabatt gewährte – konnte sich Schweppe

ärmste Bürger das überschüssige Wasser aus seiner Produktion sogar gratis. Je bekannter Schweppe wurde, desto mehr stieg die Nachfrage, und 1783 gründete er sein Handelsunternehmen.

Nachdem Schweppe zehn Jahre lang an der Entwicklung seines karbonisierten Wassers gearbeitet hatte, tat er sich mit Nicolas und Jacques Paul – einem Vater-Sohn-Gespann, das eine ähnliche Apparatur entwickelt hatte – und dem Apotheker Henri-Albert Gosse zusammen. 1790 gründeten sie die Firma »Schweppe, Paul & Gosse«. Allerdings kam es schon bald zu Unstimmigkeiten bezüglich der Entwürfe für die Maschinen. Als Ingenieure und Mechaniker halfen die Pauls, die von Schweppe entwickelte Produktionsmaschine zu verbessern, und entwickelten das »Geneva-System«, bei dem die Mechanik eingehaust war und falsche Teile enthielt, um den Nachbau durch Konkurrenten zu verhindern. Mithilfe dieser Ausstattung ahmten sie Mineralwässer bekannter Kurorte nach, darunter Selters-wasser und Pyrmonter Mineralwasser. Angesichts wachsender Beliebtheit begann das Unternehmen, ins Ausland zu expandieren.

Die erste britische Fabrik eröffnete in der Londoner Drury Lane 141. Das Geschäft lief jedoch schleppend, die Konkurrenz war groß und die Aussichten waren trübe. Die Partner hatten sich vorbehalten,

Glasfontäne bei der Weltausstellung im Londoner Crystal
Palace, *Dickinson's Comprehensive Pictures of the Great
Exhibition of 1851*, Smithsonian Institution Libraries

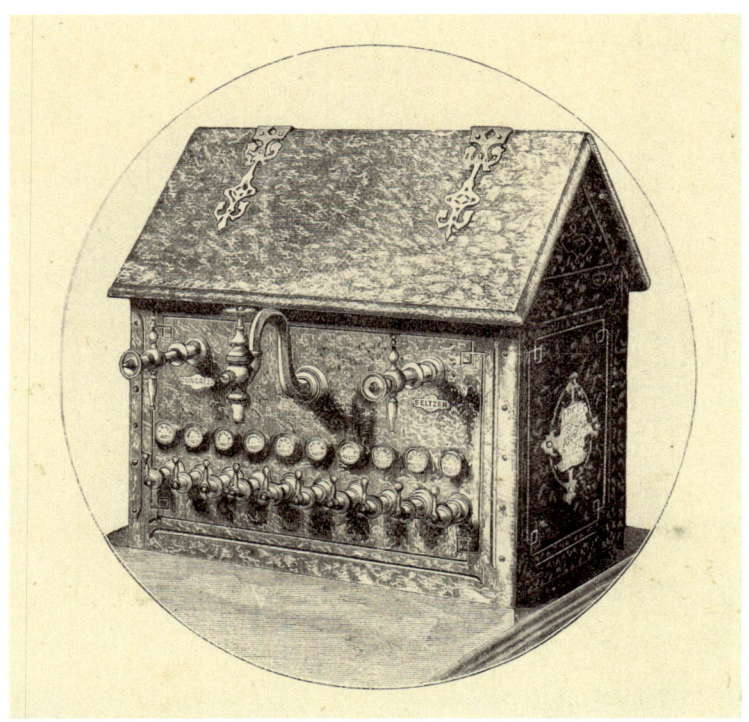

gegen die Konkurrenz durchsetzen. 1798 setzte sich Jacob Schweppe zur Ruhe und verkaufte das Unternehmen. Seine Nachfolger bauten die Marke weiter auf, bis sie zu einer der weltweit erfolgreichsten wurde. So wurde Schweppes z. B. während der Londoner Weltausstellung 1851 zum exklusiven Getränkelieferanten und im Crystal Palace wurde eine vier Tonnen schwere Glasfontäne mit Schweppes-Wasser installiert, die noch heute als Logo die Etiketten ziert und in jede Flasche eingeprägt ist.

SODAWASSER IN APOTHEKEN

Geschäftstüchtige Apotheker erkannten, welchen Zuspruch das gesundheitsfördernde Sodawasser erfuhr, und ab 1850 gehörten Sodamaschinen und -zapfanlagen zum gängigen Inventar US-amerikanischer und europäischer Apotheken. Von diskreten Untertischmodellen bis zu stolzen Tresenaufbauten mit Statuen und Säulen standen verschiedenste Modelle und Patente zur Wahl. In der britischen Apothekerzeitschrift *The Chemist and Druggist* löste

Sodawasser eine hitzige Debatte aus. Einige Apotheker empfahlen, dem karbonisierten Wasser stärkende Sirupe beizumischen. Andere beschrifteten – analog zum bekannten Sinnspruch *In vino veritas* (im Wein liegt die Wahrheit) – ihre Sodaspender mit Aufschriften wie *In soda sanitas* (in Soda liegt die Gesundheit). Andere hingegen befürchteten, eine wirtschaftliche Abhängigkeit vom Sodaausschank würde die Apotheken ihrem eigentlichen Metier entfremden. So beklagte z. B. ein Artikel aus dem Jahr 1877, dass »*die Abteilungen für Soda-Cocktails und Zigarren oft teurer und praktischer ausgestattet sind als der Bereich für die Herstellung von Rezepturen*«. Darüber hinaus beunruhigten immer wieder Berichte über zuweilen tödliche Explosionen, verursacht durch den aufgestauten Druck in den Sodaspendern. Einige waren auch der Ansicht, für britische Apotheker sei »*das Geschäft des Sodaausschanks, die tragende Säule des US-amerikanischen Apothekers, unter ihrer Würde*«. Da der Verkauf von Sodawasser jedoch wichtige

Nebeneinnahmen ermöglichte, vertrieben die britischen Apotheken das Wasser noch bis weit ins 20. Jahrhundert.

Der Beliebtheit von neutralem und aromatisiertem Sodawasser verdankt die internationale Softdrinkbranche bis heute beträchtliche Umsätze. Zu Ehren dieser frühen Erfinder, die unseren Getränken mit Kohlensäure Glanz und Spritzigkeit verliehen, sollten wir also unser Glas erheben!

Oben links: Zitronensirup als Zusatz für Sodawasser, Katalog der Firma Wellcome, Burroughs & Co (1892), Wellcome Collection

Oben rechts: In den Zeitungen und Zeitschriften des 19. Jahrhunderts waren Anzeigen für Sodawasser-Aromasirupe ein geläufiger Anblick, *The Chemist and Druggist* (1892), Wellcome Collection

Unten: Siphonflaschen für Sodawasser, Entwürfe des Unternehmens Messrs. Mayo & Co., *Pharmaceutical Journal and Transactions* (1845)

ORANGE QUININE WINE

Prepared according to the BRITISH PHARMACOPŒIA 1898.

DOSE. One wineglassful 2. or 3 times a day. Each ounce contains one grain of pure hydrochloride of quinine.

5.

FRÜHE MIXOLOGIE

TONIC MIT WEIN, WASSER UND GIN

	TONISCHE WEINE UND FRÜHE ALKOHOLISCHE MIXGETRÄNKE	
APERITIFS UND DIGESTIFS	ANREGENDES FÜR ABSTINENZLER	
	AUS SODA WIRD TONIC	

Anfang des 18. Jahrhunderts diente die Rinde von *Cinchona*-Bäumen in Europa und seinen Kolonien vor allem als Malariamittel. Darüber hinaus kam sie bei vielen weiteren Krankheiten wie Ruhr, Hals- und Zahnschmerzen, Pocken, Zittern und Haarausfall (äußerlich) zum Einsatz. Chinarinde wurde als Tonikum, aber auch für seine anregende Wirkung, hochgeschätzt. Tonika waren in den vergangenen 300 Jahren eine wichtige Arzneimittelklasse und spielen in der ayurvedischen und chinesischen Pflanzenheilkunde auch heute noch eine bedeutende Rolle. Man ging davon aus, dass ein Tonikum zwar nur eine geringe Wirkung auf den Körper eines gesunden Menschen hat, bei geschwächten Organismen jedoch entscheidend dazu beiträgt, Muskeltonus und Kraft wiederherzustellen.

Und so war *Cinchona*-Rinde – bzw. ab 1820 die gereinigten Alkaloide – nicht nur ein bewährtes Malariamittel, sondern wurde auch generell als Stärkungsmittel eingesetzt. Durch die pulverförmige Beschaffenheit der gemahlenen Chinarinde und die Bitterkeit des Chinins war die Einnahme für die Patienten recht unangenehm. Chinarinde und Chinin wurden daher meist in alkoholischen Getränken eingenommen – oft als »tonische Weine« oder gemischt mit Rum oder Brandy.

TONISCHE WEINE UND FRÜHE ALKOHOLISCHE MIXGETRÄNKE

Im 19. Jahrhundert wuchs die Beliebtheit von Patent- und Markenarzneimitteln. Zeitungsinserate, Handzettel und Plakatwände machten mit auffälligen Schriften

Gegenüber: Etikett eines Orangen-Chinin-Weins (1898), Wellcome Collection

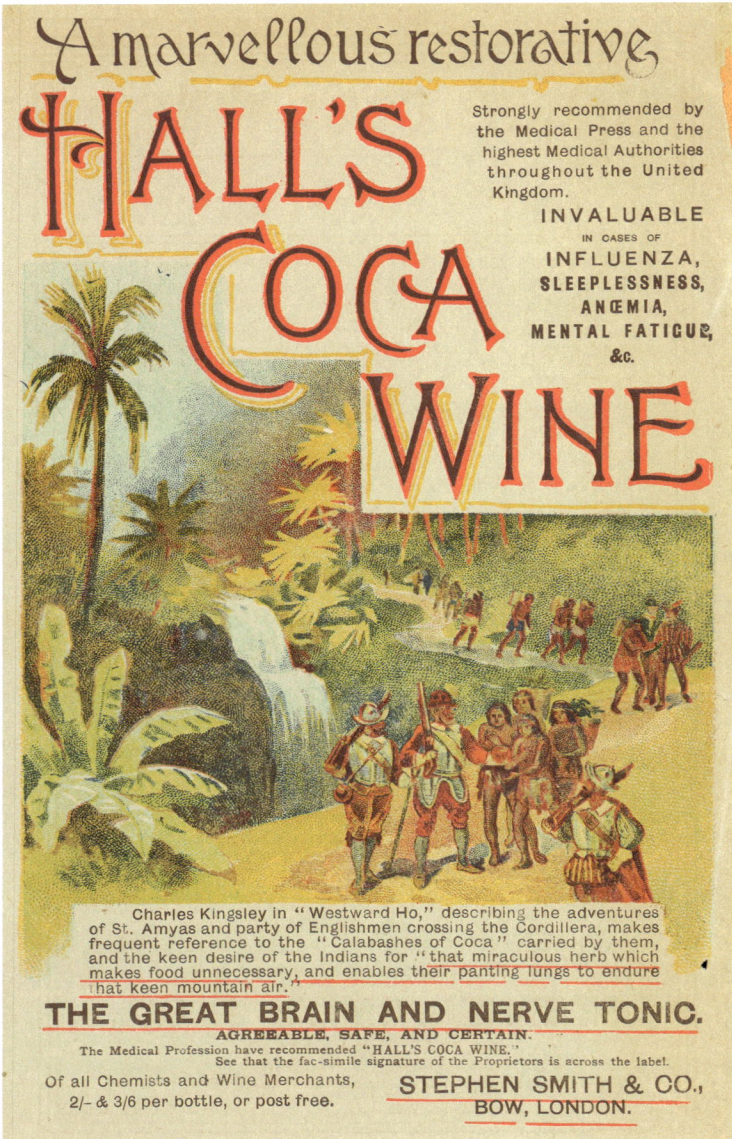

und Bildern, einprägsamen Slogans und Arztzitaten auf die Allheilmittel aufmerksam. Die Medikamente sollten verschiedenste Befindlichkeitsstörungen kurieren, darunter Nerven- und Magenschwäche, Leberträgheit und Frauenleiden. Die Werbung sprach alle Bevölkerungsschichten an.

Meist wurden die Medikamente als Tonikum, Bitter oder Likörwein angeboten und als Mittel zur Vorbeugung, Heilung und Genesung beworben. Allerdings erregten die tonischen Weine oft auch scharfe Kritik. So taten viele Vertreter des Ärztestands ihre angebliche Wirkung als Quacksalberei ab und sie warnten, die Weine könnten Alkoholismus begünstigen.

Tonische Weine bestanden in der Regel aus mit reinem Alkohol angereichertem Wein oder einer Basisspirituose wie Sherry oder Portwein, verfeinert durch Zusätze wie Malz, Schokolade, Kaffee, Chinin und sogar Kokain. Einige bekannte Marken,

Werbung für einen tonischen Wein in einem Großhandels-katalog für Drogisten, *Weeks & Potter Wholesale Druggist Catalogue* (1890)

die aus diesen ursprünglich medizinischen Getränken entstanden, existieren bis heute, wie beispielsweise Buckfast Tonic Wine und Coca-Cola. Als stimulierender »Munter-macher« enthielt Letztere ursprünglich kokainhaltige Kokablätter und koffeinhal-tige Kolanüsse. Inzwischen werden jedoch bei der Herstellung Kokablätter verwendet, denen das Kokain entzogen wurde, und der Wein wurde durch Sodawasser und Zuckersirup ersetzt.

Chinin hingegen wirkte anerkanntermaßen nicht nur gegen Fieber – eine häufige Be-gleiterscheinung vieler Krankheiten –, son-dern der neuen »Wunderdroge« wurden von Erkältung bis zur Hysterie noch viele weitere Heilwirkungen zugeschrieben. Da es zu dieser Zeit als »Allheilmittel« galt, erschienen auf dem Markt verschiedenste tonische Weine mit Chininzusatz – so etwa ein Orangen-Chinin-Wein aus echten Sevilla-Orangen, aber auch ein weniger

delikat anmutender Rindfleisch-Eisen-Wein mit Chininzusatz.

APERITIFS UND DIGESTIFS

Die heutigen Aperitifs und Digestifs – appetitanregende und verdauungsfördernde alkoholische Getränke – gehen oft auf bittere Stärkungsmittel zurück, die medizinisch wirksame Rinden, Wurzeln und Kräuter enthielten. Dienten Tonika damals noch dem Zweck, die Verdauung anzuregen, gelten sie heute als schmackhafte Schlückchen – so etwa der immer noch beliebte Gin Tonic vor dem Essen. Zwei Aperitifs, die ebenfalls bittere Chinarinde enthalten, sind der italienische China-Rossi und der französische weinbasierte St. Raphaël, den Doktor Adémar Juppet 1830 kreierte. Der

Markenlegende zufolge arbeitete er bis in die Nächte hinein an seinem Elixier und büßte darüber beinahe sein Augenlicht ein. Juppet flehte den Erzengel Raphael um Unterstützung an, wurde geheilt und widmete ihm daraufhin das Getränk. Das

Oben links: Etikett von Steane's still Quinine Champagne (1871), State Library Victoria (Melbourne, Australien)

Oben rechts: Etikett eines Chininweins aus Moonee Valley, einem Vorort von Melbourne (Australien), ABCR Auctions

Unten links: Chinindüfte aus Cinchona-Blüten fanden im 19. Jahrhundert großen Anklang

Unten rechts: Chininhaltige Tonika blieben bis weit ins 20. Jahrhundert beliebt. Das abgebildete Etikett stammt aus dem Jahr 1940

BECKETT'S

TEMPERANCE DRINKS.

Beckett's Lime Fruit Syrup.
Beckett's Raspberry Syrup.
Beckett's Black Currant Syrup.
Beckett's Lemon Syrup.
Beckett's Ginger Lemon Syrup.
Beckett's Gingerette Cordial.
Beckett's Winterine.
Beckett's Honey Liqueurs, &c., &c.

TONIC DRINKS:—

Beckett's Syrup of Orange and Quinine.
Beckett's Lime and Quinine.
Beckett's Syrup of Hops.

SPECIAL CAUTION. See that the name BECKETT and Trade Mark are on both the Label and Capsule of each Bottle.

REDUCED PRICES : Imperial Pints, 1s. 6d., Half Pints, 10d. Tonic Drinks, 1s., 1s. 6d., 1s. 9d., and 2s. 9d. per bottle. *Sold by Chemists, Grocers, and Coffee Tavern Companies.*

Highest Award, International Exhibition, London, 1885.

Can be USED WITH EITHER PLAIN or AERATED WATER

EXCELLENT FOR GAZOGENES AND SYPHONS.

Analytical Report from G. Bostock, Esq., F.C.S., F.A.S., School of Chemistry, Manchester:—" I have made a careful examination of BECKETT'S BEVERAGES. I find them perfectly pure, and free from anything deleterious to health; they are non-intoxicating, and form pleasant and invigorating drinks. The Lime Fruit Syrup, Black Currant, Raspberry, Lemon, Orange, &c., make capital Summer drinks, mixed with either plain or aerated water. The 'Wolseley Liqueur,' 'Winterine,' 'Gingerette,' and Peppermint Cordial's are excellent substitutes for brandy and other spirits, whilst the abundant medical testimony in favour of BECKETT'S TONIC DRINKS—Syrup of Orange and Quinine, Lime and Quinine, and Syrup of Hops—is a sufficient guarantee of their valuable properties."

W. BECKETT, Heywood, Manchester. | London Wholesale and Export Agents : BARCLAY & SONS, 95, Farringdon-street; SANGER & SONS, 489, Oxford-street ; NEWBERY & SONS, 1, King Edward-street.

Stärkungsmittel wird auch heute noch vertrieben, allerdings als Aperitif und ohne Hinweis auf seinen medizinischen Ursprung.

ANREGENDES FÜR ABSTINENZLER
Die Gefahren des Alkohols waren von der verheerenden Gin-Krise im 18. Jahrhundert bis zur Abstinenzbewegung im 19. und frühen 20. Jahrhundert ein breit diskutiertes Thema. Und so kamen in der Viktorianischen Ära auch Chininzusätze für Sodasirupe und Tonic Water in Mode. Ihre Zielgruppe waren vor allem Menschen, die die erfrischend bitteren, gesundheitsfördernden Eigenschaften des Chinins schätzten, aber keinen Alkohol tranken.

Oben: »Des Trunkenbolds Werdegang«, Nathaniel Currier (1846), Wellcome Collection

Gegenüber: Anzeige für Beckett's Temperance Drinks, *Sporting Gazette* (1887), British Library

Zu den größten Erfrischungsgetränkeherstellern zwischen 1870 und 1890 zählte Beckett's Temperance Drinks. Er produzierte Chininsirupe mit Frucht- und Gewürzaromen, mit denen sich karbonisiertes Wasser aromatisieren ließ. Wie damals üblich, enthielten die Werbeanzeigen des Unternehmens »offizielle« wissenschaftliche Analysen, die den Getränken eine medizinische Wirkung bescheinigten. Die Referenzen beschrieben Beckett's als *durch und durch gesund und rein* und erklärten: »*Alle Abstinenzler, denen Chinin verordnet wird, sollten darauf bestehen, dass ihnen zuvorderst [Beckett's] Orangen-Chinin-Sirup verschrieben wird.*« Die durstlöschenden Eigenschaften von Chinin machten Tonika für Abstinenzler attraktiv. Auf der anderen Seite diente es jedoch auch als »Abschreckungsmittel«. Denn Chinin, das den Getränken in geringen Mengen zugesetzt eine erfrischend herbe Note gab, verlieh ihnen in

SONDERANGEBOT: Für Familien im Dutzend nur 2 Schillinge und 6 Pence

SODAWASSER UND LIMONADE

HUGHES & COMP. teilt seinen zahlreichen Kunden und Freunden mit, dass das Unternehmen nunmehr reinstes SODAWASSER herstellt, welches einen so hohen Gehalt an Kohlensäuregas aufweist, dass ein anderer Druck oder eine andere Konzentration jede verwendete Flasche unweigerlich in Atome zerbersten ließe.

Hughes & Co. verfügen nun über eine NEUE SODAMASCHINE mit stark verbesserter Methode. Als *praktische Chemiker* haben sie seit geraumer Zeit ihr Augenmerk auf die Herstellung von Sodawasser nach einer bestimmten Methode gerichtet, bei der sich der Verbraucher oder Arzt darauf verlassen kann, dass jede Flasche 25 Gran [ca. 1620 mg] an Natriumbikarbonat enthält und nicht mehr.

NB: Die Herstellung von Sodawasser ist besonders einfach, da nur *reines* Wasser, reines Kohlensäuregas, Natriumbikarbonat, ein hoher Druck und *Präzision* erforderlich sind.

Die geschätzte Kundschaft sei daran erinnert, dass HUGHES & CO. im gewohnten Umfang ihre CHININ-PILLEN gegen Auszehrung, Ermattung und Magenschwäche vertreibt sowie das HÜHNERAUGENPFLASTER ROYAL (gefördert von der Königin), welches bei dreimaliger Anwendung heilt, und die FRANZÖSISCHE EINREIBUNG gegen Gicht und Rheuma.

NB: Alleinige Erfinder von CHININ-SODAWASSER, das insbesondere der Beachtung durch Ärzte und Chirurgen empfohlen wird.

– Werbung des Herstellers Hughes für Chinin-Sodawasser, *Bristol Mercury*, 6. Juni 1835

höheren Dosen einen unangenehmen Geschmack. Abstinenzlern wurde daher empfohlen, zu Heilzwecken bestimmtem Wein eine gute Dosis Chinin beizumischen. Das sollte verhindern, dass ihnen der Geschmack zu sehr zusagte und sie auf den verheerenden Pfad der Trunksucht gerieten.

AUS SODA WIRD TONIC

Nachdem Joseph Priestley in den 1760er-Jahren sein Verfahren zur Herstellung karbonisierten Wassers erfunden hatte, entwickelte sich Sodawasser zu einem marktfähigen Massenprodukt. Schon zehn Jahre später stellten Apotheker Sodawasser selbst her oder offerierten fertig befüllte Flaschen. Bei der Vermarktung der Produkte stand die Heilwirkung im Vordergrund.

In den 1820er-Jahren begann man damit, Sodawasser mit Wein zu mischen. Die so erzeugten Erfrischungsgetränke sollten jedoch vorrangig dem Genuss und weniger medizinischen Anwendungen dienen. Wann genau karbonisierte Getränke mit Aromazusatz entstanden, ist unbekannt. Heute glaubt man, dass sie zuerst in den USA aufkamen und ein Vorgeschmack auf die spätere amerikanische Vormachtstellung in der Erfrischungsindustrie waren. Zwischen 1830 und 1860 mischte man immer häufiger Fruchtsirup mit Sprudel und bot die fertigen Mischungen in Flaschen an – ein weiterer Beleg dafür, dass sich das aromatisierte Sodawasser auf dem Markt durchgesetzt hatte.

Chinin als Zusatz zu Sodawasser wurde erstmalig in einem Inserat erwähnt, das 1835 in der britischen Zeitung *Bristol Mercury* erschien. Beworben wurde darin ein Chinin-Sodawasser von Hughes & Co., einem Unternehmen mit kurzer Lebensdauer. Die nächste Erwähnung von – nunmehr als Tonic Water bezeichnetem – Sodawasser mit Chininzusatz datiert vom 28. März 1858: Das dem Unternehmer Erasmus Bond erteilte Patent Nr. 1207 beschrieb *»eine verbesserte karbonisierte Flüssigkeit namens Chinin-Tonic-Water«*. Das Produkt bestand aus Wasser, Kohlendioxid, Schwefelsäure und Chinin und wurde in vielen

[872]

PITT & Co., 28 *Wharf Road, City Road, London.*—Pitt's patent tonic (aërated quinine) water.

This Aerated Water is the result of extensive chemical research, and has been submitted to several London physicians, from whom it has met with unqualified approval. It is considered by the proprietor to be of sufficient importance to patent, that being the only means by which the public can be protected against fraudulent imitations, and it is now offered under the most flattering testimonials. Its properties are antacid, cooling, and refreshing, combined with all the advantages of Soda Water; it gives strength to the stomach and tone to the whole nervous system, and is especially adapted to persons feeling depressed from mental or bodily excitement, imparting strength to those who suffer from nervous irritation, indigestion, or loss of appetite.

TESTIMONIAL FROM DR. HASSALL.

"Chemical and Microscopical Laboratory,

74 Wimpole Street, Cavendish Square, W.

19th December, 1860.

"I have carefully analyzed PITT'S TONIC WATER. The idea of combining a tonic like quinine with an aerated water is a good one, and the practical difficulties in the way of carrying it out have been entirely overcome in this preparation.

"It is a pleasant, refreshing tonic, and invigorating beverage, strengthening to the digestive organs, and calculated to promote appetite; it is also an excellent restorative to the stomach weakened by any excess or indulgence.

"From its composition and properties, PITT'S TONIC WATER ought to a great extent to supersede the use of soda and other aerated waters."

"ARTHUR HILL. HASSALL, M.D., Lohd."

Author of the Lancet Sanitary Commission; author of "Food and its Adulterations," "Adulterations Detected," and other works.

The tonic water may be obtained of Messrs. Veillard & Co., Eastern Area of the Exhibition. Numerous medical testimonials may be had on application.

Oben: Pitt's Aerated Tonic Water – das erste patentierte Tonic Water, *The Illustrated Catalogue of the Industrial Department*, International Exhibition (1862)

Lokalzeitungen als Pitt's Patent Tonic Water angeboten. Über Bond selbst ist nur sehr wenig bekannt. Gewiss ist jedoch, dass sein Tonic Water als medizinische Rezeptur vermarktet wurde und nicht etwa – wie heute üblich – als Zutat für Mixgetränke. Auf der Weltausstellung des Jahres 1862 wurde es als »ärztlich empfohlen« beworben und sollte, dem Werbeversprechen nach, nicht als Mittel gegen Fieber, sondern als Verdauungsmittel dienen. Von der Tatsache, dass die tonisierenden Eigenschaften des Chinins und nicht seine Antimalariawirkung bei der Entstehung des ersten Tonic Waters im Mittelpunkt standen, rührt auch das »Tonic« im Namen her.

Wegen der enthaltenen Schwefelsäure war Bonds Tonic Water zwar nicht sehr magenfreundlich, die Säure war jedoch für die Löslichkeit der Chinolin-Alkaloide erforderlich, die sich in reinem Wasser nur schlecht lösen. Im Gegensatz zu Bond nutzte Schweppes für sein ab 1870 produziertes Indian Tonic Water magenschonendere Zitronensäure. Die Bezeichnung »Tonic Water« spielte auch bei dieser neuen Rezeptur auf tonische Weine mit Chininzusatz an.

Bald schon wurde Tonic Water auch im Ausland verkauft. So wurden z. B. 1863 Anzeigen in Indien und China geschaltet. Ein früher Nachweis für Tonic Water in

»Erlauben Sie mir, Ihnen einen Wein anzubieten, der Ihnen an diesem warmen Tag zusagen wird, und lassen Sie mich das Mittagessen bestellen. Es gibt Weine aus Hochheim, Rheinhessen, von der Mosel sowie Bordeaux und Champagner; eisgekühltes Sodawasser, Selters und Tonic Water. Ah, Sie denken, ich scherze! Wählen Sie Ihren Wein und warten Sie ab.«

– Elizabeth Muter, *Travels and Adventures of an Officer's Wife in India, China and New Zealand* (1864)

Cocktails stammt ebenfalls aus dem Jahr 1863. Dabei erwähnte *The London and China Telegraph* einen in Hongkong beliebten Cocktail aus Ingwer-Brandy und Tonic Water. 1867 wurde außerdem eine von Samson Barnett hergestellte Soda- und Tonic-Water-Maschine Regimentern der Britisch-Indischen Armee zum Verkauf angeboten. Für China wiederum findet sich ein Beleg in Elizabeth Muters Buch über die »Reisen und Abenteuer einer Offiziersfrau in Indien, China und Neuseeland« (1864, links). Darin berichtete die Autorin, dass dort Soda und Tonic Water in großen Mengen erhältlich waren. Zur Frage, ob das To-

St. Raphaël Quinquina.

THE MOST WONDERFUL TONIC WINE
IN THE WORLD.

The ST. RAPHAËL QUINQUINA has
the largest sale of any similar Wine in
France. For Loss of Appetite, Anæmic
Conditions, and Nervous Depression, it
is the most wonderful Tonic Wine ever
submitted. Apart from its marvellous restorative properties, it is also a pleasant
and agreeable Wine, and can be used as
a beverage with Mineral Water.

*Show Cards, Handbills, and
all Advertising Matter
supplied free.*

SOLE AGENTS:

BOWEN & M\^{c\}KECHNIE,
Cross Street, FINSBURY, E.O.

Werbung für St.-
Raphaël-Chininwein,
*The Chemist and
Druggist* (1899),
Wellcome Collection

nic Water auch für Gin-Cocktails verwendet wurde, äußerte sie sich jedoch nicht.

Für tonische Weine und Mischungen
mit Spirituosen waren bis ins 18. Jahrhundert pulverisierte Chinarinde und ab den
1820er-Jahren gereinigte Alkaloide gebräuchlich. Einige Getränke dienten nur als
Tonikum, andere hingegen zur Vorbeugung
heute als Malaria bekannter Erkrankun-
gen. Ab den 1860er-Jahren wurde Tonic
Water umfassend vermarktet und in den
Tropen als gesundes und erfrischendes Getränk konsumiert. Im Jahr 1863 bemerkte
James Henderson, im Klima von Shanghai
»ist Tonic Water gut und gesund, wobei

*man aber darauf achten muss, dass es von
einem angesehenen Haus oder einer Firma
mit Renommee stammt. Am besten ist
Schweppes Tonic Water, weltweit stellen
jedoch Spekulanten Produkte her, die dem
Körper alles andere verschaffen als einen
gesunden Tonus.«*

Insgesamt lässt sich sagen, dass Tonic
Water meist nicht zur Malariaprophylaxe
konsumiert wurde, sondern wegen seiner
»tonisierenden« Wirkung sowie zur Erfri-
schung in heißen Klimaten und als sichere
Alternative zu stillem Wasser. Für Mischungen mit Gin gibt es jedoch bislang keine aus
der Zeit vor 1868 stammenden Belege.

I want a small Glafs of Gin,
Old Tom Sir?

TEIL III

MEHR ALS

EIN TONIKUM

6.

DIE URSPRÜNGE VON GIN TONIC

	LEGENDÄRER URSPRUNG?	CHININ, ALKOHOL UND MALARIA	
	GIN SLING UND BITTERSPIRITUOSEN	GIN TONIC ALS COCKTAIL	
	WARUM »FUNKTIONIERT« GIN TONIC?	ZITRONEN UND LIMETTEN	
	WAS WIR WISSEN – UND WAS NICHT	EISGEWINNUNG	

Moderne, oft zitierte Berichte über die Herkunft von Gin Tonic schreiben seine Erfindung Offizieren der britischen Armee zu, die in Indien stationiert waren und ihre tägliche bittere Chinindosis mit Gin und Sodawasser »hinunterspülten«. Einige Autoren datieren diese Erfindung bereits auf das Jahr 1825, also nur fünf Jahre nach der ersten Chininextraktion. Obwohl damals sowohl Chinin als auch Sodawasser in Indien verfügbar waren, ist es eher unwahrscheinlich, dass es sich hierbei um den wahren Ursprung des Gin Tonics handelt. Zumal entsprechende Aufzeichnungen oder anderweitige Nachweise bislang nicht gefunden werden konnten.

Eine ähnliche Geschichte kursiert in Frankreich über die Entstehung des Dubonnet. Joseph Dubonnet kreierte den weinhaltigen Aperitif 1846 aus Kräutern und Chinin, und zwar angeblich im Auftrag der französischen Regierung: Der Wein sollte den französischen Fremdenlegionären ihre Malariamittel schmackhaft machen.

Wahrscheinlich bezieht sich der Ursprung dieser Mythen auf die lange Geschichte medizinischer Tonika, bei denen Alkohol, wie in Kapitel 5 beschrieben, Chinin zugefügt wurde.

LEGENDÄRER URSPRUNG?

Chinin zur Malariaprophylaxe – also dessen tägliche, vorbeugende Einnahme und

Gegenüber: Servieren von Getränken in Indien, Illustration aus den 1930er-Jahren

Vorherige Seite: Einem Gast wird Old Tom Gin angeboten (um 1830), Wellcome Collection

nicht die Nutzung als Heilmittel – führte die britische Armee erst in den 1850er-Jahren ein. Die empfohlene Menge Chinin in Sherry oder einem anderen alkoholischen Getränk betrug täglich ein bis zwei *Grains* (65 bis 130 mg). Ein modernes Tonic Water

Oben: Arrak-Verkauf in Indien (19. Jahrhundert), Wellcome Collection

Gegenüber: Im Amerikanischen Bürgerkrieg war Chinin für die Armeen eine unverzichtbare Ressource, »Vor Petersburg: Ausgabe der Whisky- und Chininrationen«, A. W. Warren (um 1865), National Library of Medicine

enthält im Vergleich pro Liter höchstens 83 Milligramm Chinin. Um eine vorbeugende Wirkung zu erzielen, hätte ein typischer Gin Tonic also fünf- bis zehnmal so viel Chinin enthalten müssen wie modernes Tonic Water.

Wer über eine Selbstmedikation mit modernem Tonic Water nachdenkt, sollte sich die Ergebnisse eines Experiments aus dem Jahr 2004 vor Augen führen. Dabei wurde die Chininkonzentration im Blut von Freiwilligen bestimmt, die innerhalb von 15 Minuten 500 bis 1000 Milliliter Tonic Water zu sich genommen hatten. Selbst für diese

Menge ergaben die Tests nur eine kurze und minimale Schutzwirkung gegen Malaria.

CHININ, ALKOHOL UND MALARIA

Chinin in Alkohol hat als Tonikum eine lange Tradition. Ab den 1840er-Jahren wurde es jedoch vor allem als wohlschmeckendes Mittel gegen Malaria konsumiert. So klagte z. B. das *English Journal* 1841, auf einer Reise nach Holland sei es nötig, Genever mit Chinin zu trinken, um sich der Malaria zu erwehren.

In der britischen Armee hingegen nutzte man zu diesem Zweck die Alkoholika, die

»Soll ich mit dem Damf Schiff [...] nach Holland reisen? Das werde ich nicht wieder tun: Nichts als Deich und Damm, Treidelschiff und Tabakrauch. Es behagt mir nicht, begleitet vom Quaken der Frösche in den umliegenden grünen Gräben, Tee in einem Lusthaus zu trinken und das Miasma mit ewigen Dosen Chinin und Genever fernzuhalten.«

– Artikel »Sommerurlauber«, *English Journal* (1841)

jeweils zur Hand waren. Am häufigsten waren dies Brandy, Whisky, Rum, Wein und einheimische Brände. So wurden 1863 laut einem Bericht über die britische Armee in Indien und Ceylon z. B. täglich Chinindosen in Arrak ausgegeben.

Bei der Navy bevorzugte man hingegen die Einnahme in Rum. Diesen erhielten die Seeleute ab Mitte des 17. Jahrhunderts zusätzlich zum Süßwasser, das auf langen Schiffsreisen verdarb. Ab 1740 wurde diese Rumration auf den Namen »Grog« getauft – nach dem Spitznamen des britischen Vizeadmirals Edward Vernon, der für seinen Mantel aus Grogram, einem wasserdichten Stoff, bekannt war. Um Trunkenheit vorzubeugen, bestimmte Vernon auch, in welchem Verhältnis Wasser und Rum zweimal täglich auszugeben waren – eine Marinevorschrift, die bis 1970 galt. Die Marineärzte James Lind und Robert Robertson empfahlen 1771, dem Rum zur Fieberprophylaxe »peruvianische Rinde« beizugeben. Admiral Nelson und sein Flottenarzt John Snipe folgten dieser Empfehlung allerdings erst ab 1803. Ende des 18. Jahrhunderts war Grog mit Chinarinde – ab den 1820er-Jahren mit Chinin – bei der Marine das Fiebermittel der Wahl. Bisweilen wurde er auch zur Vorbeugung verwendet.

Moderater Alkoholgenuss wurde Europäern oft auch empfohlen, um sich besser an das feucht-warme Tropenklima anzupassen. So bezeichnete z. B. der britische Arzt James Henderson 1863 in einem Buch über Gesundheitsempfehlungen für China den Genuss von Wein als sicher und erfrischend, während er riet, Spirituosen »nie oder höchstens stark verdünnt zu trinken«.

GIN SLING UND BITTERSPIRITUOSEN

Vom Georgianischen England des 18. Jahrhunderts bis hin zu den Gin-Palästen des frühen 19. Jahrhunderts wurde Gin – häufig mit Bitters getrunken – immer beliebter. Als Zutaten für die Bitterspirituosen dienten Enzian, Kalmus, Engelwurz, Ingwer, Pomeranzen und auch Chinarinde. Neben Rezepten für den Hausgebrauch gab es auch firmeneigene Bitter wie Angostura oder Stoughton's Bitter. Letzteres wurde als Tonikum für »alle schwächenden und heißen Klimate« beworben, während Pink Gin, also Gin, der durch einige Spritzer Angostura eine rosa Farbe erhielt, zum Lieblingsgetränk der Marineoffiziere auf See wurde.

Über die Verwendung von Chinin als Bitterersatz berichtete der amerikanische Schriftsteller Robert Tomes in seinem Werk über Panama im Jahr 1855. Darin schrieb er, dass die durststillenden Chinin-Cocktails gleichzeitig auch vor Wechselfieber schützten. Allerdings erfahren wir nicht, welcher Alkohol als Basis diente, denn Tomes hielt nichts von derartigen Mixgetränken und empfahl stattdessen Champagner-

[Champagner-Bitter-Cocktails ...] sind so ausgesprochen gut, dass jeder, der sie einmal getrunken hat, dabei bleibt und nicht zu Ersterem [Wasser] greift. Ich sage nichts gegen die häufig geübte Praxis, Chinin-Cocktails zu trinken, bei denen Chinin die Bitter ersetzt, oder gegen die Gewohnheit, sich reichlich an Chinin-Pillen zu bedienen, denn beides ist entschuldbar, wenn nicht gar aus gesundheitlichen Gründen unumgänglich. Es ist eine traurige Tatsache, dass Aspinwall [Colón in Panama] derart ungesund ist, dass seine Bewohner gezwungen sind, ihre alltäglichen Getränke mit Medizin zu versetzen und ihre Pillendosen so oft herumzureichen wie die Nutzer französischen Schnupftabaks im Ancien Régime. Immer wieder wurde ich aufgefordert, einen Chinin-Cocktail zu trinken oder mir ein oder zwei Pillen aus einer dargebotenen Dose zu nehmen, was ich höflich ablehnte.

– »Panama im Jahr 1855«, Robert Tomes (1855)

Ein Mann zieht wegen seiner bitteren Medizin
eine Grimasse (um 1800), Wellcome Collection

Ein Arzt versucht, einem vom Grog betrunkenen, mit Eiterbeulen übersäten Matrosen Medikamente zu verabreichen, William Elmes (1811), Wellcome Collection

a Grog Blossom Fever.

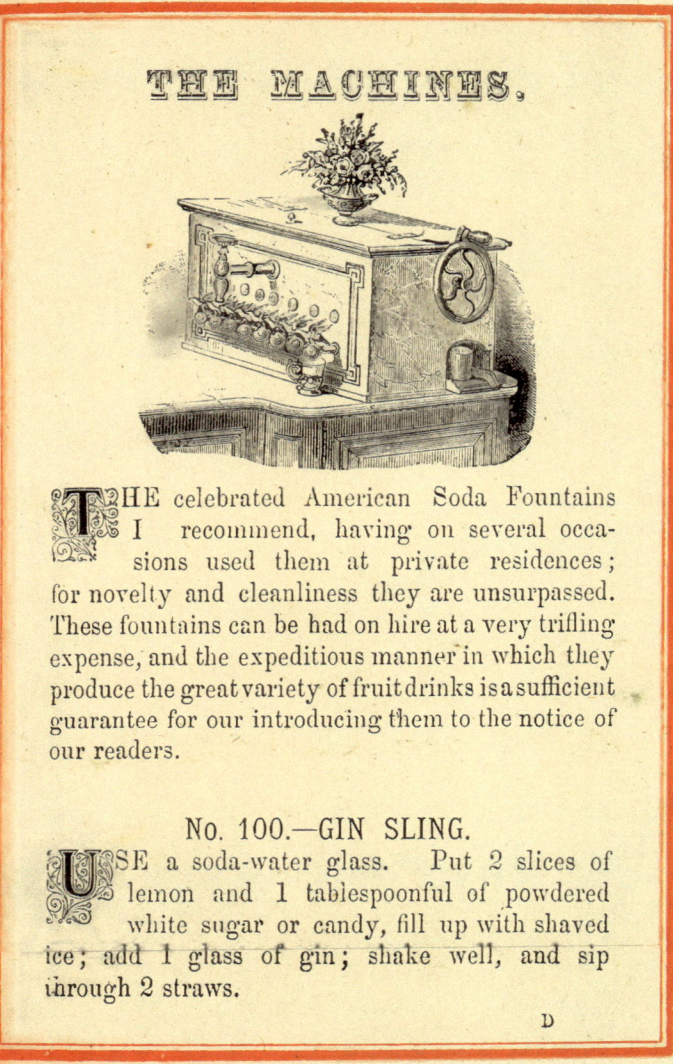

THE MACHINES.

THE celebrated American Soda Fountains I recommend, having on several occasions used them at private residences; for novelty and cleanliness they are unsurpassed. These fountains can be had on hire at a very trifling expense, and the expeditious manner in which they produce the great variety of fruit drinks is a sufficient guarantee for our introducing them to the notice of our readers.

No. 100.—GIN SLING.

USE a soda-water glass. Put 2 slices of lemon and 1 tablespoonful of powdered white sugar or candy, fill up with shaved ice; add 1 glass of gin; shake well, and sip through 2 straws.

D

Links: Sodawasser-Maschine und Gin-Sling-Rezept, *The Gentleman's Table Guide*, Edward Ricket (1872), Wellcome Collection

Gegenüber: Älteste gedruckte Erwähnung von »Gin and Tonic«, *Anglo-Indian Oriental Sporting Magazine* (1868), Buchbestand der University of Minnesota

Cocktails (siehe S. 94). 1862 veröffentlichte der US-amerikanische Barkeeper Jerry Thomas sein Buch »Wie man Getränke mixt oder Der Begleiter für Lebemänner«. Darin fand sich u. a. ein Rezept für »Fieber-Tropfen« aus alkoholischen Auszügen von Kalamus- und Zitwerwurzeln, Ingwer, getrockneten Äpfeln und »peruvianischer Rinde«. Die Angabe »*Dosis: 3 bis 4 Teelöffel pro Tag*« erinnert dabei an eine medizinische Anwendung, bemerkenswert ist jedoch die Erwähnung unter den Cocktailbitterrezepten. Um 1879 wurden kurzzeitig

Yeatman's Calisayine Cocktail Bitters als »*Fürsten unter den Muntermachern*« beworben. Die mit Chinarinde hergestellten Cocktailbitter wurden Gin-Cocktails und Sodawasser zugegeben, sie wurden jedoch nicht zur Grundlage eines neuen Modegetränks.

Für Gin-Getränke mit bitteren Aromen, die bisweilen auch auf Chinin basierten, gibt es also zahlreiche Belege. Allerdings ist darin keine Verdünnung mit Wasser erwähnt, sei es sprudelnd oder still. Bekannt war jedoch ein Drink aus

there was plenty of betting, and our modest fiver went on *Polly*, more for the sake of backing her rider than thinking of what class she was. Loud cries of " gin and tonic," " brandy and soda," " cheroots," &c., told us the party was breaking up for the night, and we wended our way home (only a short distance from the mess, luckily), feeling certain we could lay 2 to 1 we named the winner of each race on the morrow, only that it would be a very rash bet to make.

Gin und Sprudelwasser – der Gin Sling, der ab 1829 in Barhandbüchern, Artikeln und sogar in einigen Gedichten erwähnt wurde. Als erfrischende Mischung aus Gin, Soda (oder Wasser), Zucker, Eis und einer Zitrusscheibe enthielt er alle Zutaten eines Gin Tonic, allerdings kein Chinin. Der Cocktail-Klassiker, wie wir ihn heute kennen, entstand aller Wahrscheinlichkeit nach im Zuge der Beliebtheit von Gin, Bitter und Gin Sling. Der entscheidende Schritt in der Entwicklung des Gin Tonics ist allerdings nur schlecht dokumentiert.

GIN TONIC ALS COCKTAIL

Die erste bekannte Erwähnung von Gin Tonic als Bar-Cocktail findet sich 1868 in einem Artikel des *Anglo-Indian Oriental Sporting Magazine* über ein Pferderennen in Sealkote (heute: Sialkot). Wie die darin zitierten Ausrufe der zum anschließenden Abendvergnügen aufbrechenden Zuschauer beweisen (oben), war die Bezeichnung »Gin Tonic« zu dieser Zeit in Indien offenbar bereits geläufig.

Neben Pferderennen war in der Anfangszeit des Gin Tonics auch die Armee ein wich-

»Umsichtige Offiziere nehmen gegen fünf Uhr früh eine Tasse Tee zu sich, dann um neun oder zehn Haferbrei, gebratene Meeräsche, Erdbeeren oder Tomatenscheiben. Womöglich ein leichtes Mittagsmahl mit kaltem Huhn, eventuell ein Sherry and Bitters im Club, dem gemütlichen Wheler Club, vielleicht ein gut mit Eis gekühlter Gin Tonic: irgendetwas, um bis zum Abendessen um acht Uhr bei Kräften zu bleiben. Hierzu trinkt der Bedachtsame Claret oder ein wenig Sherry, der sparsame Untergebene hingegen Bier. Später am Abend eine Tasse Kaffee und – der beste Trostspender von allen – eine Zigarre. Danach eine Partie Billard, Whist oder ein bequemer Sessel und die Lektüre einer Zeitung oder eines Romans von Trollope, Whyte, Melville oder einer kühnen Schriftstellerin, bevor es ins Bett geht.«

– »Medizinische Notizen aus Indien«,
The Medical Press and Circular (1875)

»Vom letzten Ritt durstig, begaben wir uns zu einem großen Baum am Rande des Wasserbeckens, wo die Kisten mit Schnaps lagerten. Die meisten waren abgestiegen, doch der alte Richter Bainbridge zog es vor, zu Pferde zu trinken. Er erhielt einen Gin Tonic, und das Glänzen seiner Augen verkündete, dass er ihn genießen würde. Plötzlich war der Lärm einer Büffeljagd zu vernehmen. Ich meine, der erste Warnruf kam von Gibson. Als Erster zog der stämmige Richter auf seinem Ross die Aufmerksamkeit des Büffels auf sich. Als er ihn angriff, suchte dieser nicht erst die Brille oder beendete seinen Aperitif, sondern ließ den Gin Tonic fallen und floh. Der Büffel, ein finster dreinblickendes Exemplar, war außer Rand und Band: Nachdem er uns angegriffen und vertrieben hatte, ging er die Elefanten an.«

– »Erinnerungen an 20 Jahre Eberjagd in Bengalen«, Raoul (1893)

tiger Faktor für die wachsende Beliebtheit des Cocktails. Andere Belege aus dieser Zeit zeigen, dass man Gin Tonic in den 1870er- und 1880er-Jahren weniger als medizinisches Getränk, sondern eher als erfrischendes Genussmittel gegen die Tropenhitze zu sich nahm und ihn vor allem mit den Engländern in Verbindung brachte. So witzelte z. B. ein 1881 in der südafrikanischen Zei-

> Nach dem Polospiel tranken wir Gin Tonic unter dem alten Baum, als mich ein Freund ansprach: »Sag an, wie man hört, hast du viel Freude mit deiner gemischten Meute. Hättest du einen Morgen für uns frei?« »Ja«, sagte ich, »ein herrliches Vergnügen. Doch die Jagd steht nicht an erster Stelle, meist erlegen wir einfach nur irgendetwas.«
>
> – »Ein Morgen mit der gemischten Meute«, *Aberdeen Journal* (1882)

tung *The Lantern* veröffentlichtes Gedicht über den Typus des zugewanderten Engländers, der ständig prahlt, gafft, dem Gin Tonic zugetan ist und, obwohl er sich für etwas Besseres hält, gesellschaftlich absteigt, da er vor Ort keine Anstellung findet. Manche Zitate aus dieser Zeit sind allerdings auch mehrdeutig. So ist z. B. nicht eindeutig zu klären, ob sich das Zitat »*Gin Tonic, gut mit Eis gekühlt*« in den *Indian Medical Notes* von 1875 auf den Cocktail oder auf Gin als Tonikum bezieht. Allerdings deutet das Eis eher auf einen Cocktail hin.

In seinem 1883 erschienenen Buch über eine Reise mit der S. S. Ceylon erwähnt auch der Autor Hugh Wilkinson den Genuss von Gin Tonic. Und der Verfasser der 1893 erschienenen Biografie »Erinnerungen an 20 Jahre Eberjagd in Bengalen« schreibt über einen Richter Bainbridge, dem man 1879 einen Gin Tonic reichte.

Der Genuss von Gin Tonic war jedoch kein Garant dafür, bei guter Gesundheit zu bleiben. So verzeichnete man 1875 in Bombay den Choleratod eines Matrosen, der bei

WARUM »FUNKTIONIERT« GIN TONIC?

Die Chemie, die Gin und Tonic zur idealen Kombination macht, erklärt Matthew Hartings von der American University in Washington, D.C. wie folgt: Aromen wirken dann am stärksten, wenn sich die Formen der Moleküle, die die Geschmacksknospen reizen, ergänzen. Das Alkaloid Chinin und die Wacholdermoleküle im Gin besitzen ähnliche Ringstrukturen. Sie verbinden sich zu einem Geschmack, der mehr ist als die Summe seiner Teile. Dies erklärt, warum bei dieser Kombination ein völlig neues Geschmacksprofil entsteht und nicht bloß ein Wacholder-Chinin-Geschmack.

Gegenüber: Alkoholgenuss war bei der Jagd auf der Tagesordnung, wie hier bei einer Pantherjagd in Indien (um 1840), Wellcome Collection

einem Landgang vor seinem letzten, tödlichen Abendessen einen Gin Tonic getrunken hatte. Und der Roman *The British Subaltern* (»Der britische Untergebene«) von 1875 beschreibt einen Fieberkranken, der nach Gin Tonic verlangt:

»Ich glaube, ich mache es nicht mehr lange«, bemerkte ein äußerst ungesund wirkender Fähnrich, den in den zurückliegenden Tagen ein Fieberschub aufs Lager geworfen hatte. »Einen Gin Tonic, aber flott!«, rief der Gentleman, als einer der als Khitmugars bezeichneten schwarzen Diener im Türrahmen des Vorzimmers erschien.

»Schließ besser Frieden mit deiner Seele. Ich glaube nicht, dass du noch lange in diesem Jammertal verweilen wirst«, lautete die Erwiderung eines anderen, ebenso ausgezehrt wirkenden Subalternoffiziers, der, indem er sprach, ein großes Glas einer eisgekühlten Spirituose leerte.

WAS WIR WISSEN – UND WAS NICHT

Die maßgebliche Zeit für die Erfindung des Gin Tonics sind die 20 Jahre nach Bonds

ZITRONEN UND LIMETTEN

Traditionell gehört in den Gin Tonic eine Zitronenscheibe. Die Früchte sind in Großbritannien schon seit Mitte des 16. Jahrhunderts erhältlich. Als der Gin Tonic entstand, wurden in London pro Jahr über 20 Millionen Zitronen verkauft. Ihr Transport von den Mittelmeerregionen nach Großbritannien war jedoch aufwendig. So beschrieb z. B. die britische Wochenzeitschrift *Household Words* 1854 die Bedingungen von Transport und Lagerung: *»Eindrucksvolle Schiffe – stattliche Dampfschiffe – bringen sie aus fremden Ländern an unsere Küsten. Eisenbahnzüge befördern das Kühlgut zu bestimmten Jahreszeiten von Southampton nach London, während die Verbraucher noch in ihren Betten schlummern. Eine große Anzahl riesiger Lagerhäuser wird für Aufbewahrung, Verkostung und Verkauf benötigt. Und dann das allgemeine Elend und die Trostlosigkeit auf dem großen Orangenmarkt am Duke's Place – Tausende Männer, Frauen und Kinder, die von dem leben, was sie auf der Straße verkaufen, auf Dampfschiffen, Märkten, in Theatern oder wo immer sich die Menschen versammeln.«*

Patent für Tonic Water von 1858. In Großbritannien wurde Tonic Water ab den 1860er-Jahren vermarktet. In der Folgezeit wurden sowohl das in Flaschen abgefüllte Getränk als auch die Herstellungstechnik nach Indien exportiert. Ebenso wichtig war der günstige und zuverlässige Nachschub an Chinin als Hauptzutat, das die Plantagen Indiens, Sri Lankas und Javas ab den 1880er-Jahren lieferten. Ab 1868 stammen alle Hinweise des 19. Jahrhunderts auf Gin Tonic aus Indien. Viele, wenn auch nicht alle, weisen einen Bezug zum Militär auf. Zur Aufrechterhaltung der britischen Herrschaft in Indien war eine starke militärische Präsenz nötig, insbesondere nach dem Indischen Aufstand von 1857. Dementsprechend vertrieb auch Schweppes 1870 sein

Unser neuester »Import«
Ich zeig euch einen Racker,
La de dah, la de dah,
Der meint, er wär ein Macker,
La de dah usw.
Er erreichte uns per Schiff,
La de dah usw.
Und hat den letzten Schliff,
La de dah usw.
Er setzt sich ins Masonic,
La de dah usw.
Schlürft seinen Gin and Tonic,
La de dah usw.
Die Kleidung gibt's nicht neuer,
La de dah usw.
Die war wohl auch recht teuer,
La de dah usw.
So schwankt er hier umher,
La de dah usw.
Beglotzt die Leute sehr,
La de dah usw.
In Kapstadt leben Buren,
La de dah usw.
Da ticken anders die Uhren,

La de dah usw.
Was will er denn nun sein?
La de dah usw.
Fürs Büro ist er zu fein,
La de dah usw.
Er hätt' gern einen Auftrag,
La de dah usw.
Doch bleibt er ohne Zuschlag,
La de dah usw.
So kriegt er keinen Scheck,
La de dah usw.
Der Vermieter jagt ihn weg,
La de dah usw.
Sein Äußeres wird schäbig,
La de dah usw.
Der Eindruck, der ist mäßig,
La de dah usw.
Der feine Herr, so fürcht' ich,
La de dah usw.
Wird künftig recht bedürftig.

– Gedicht über einen gintrinkenden
   britischen Zuwanderer; *The Lantern*,
   Südafrika (1881)

Produkt als »Indian Tonic Water«. Unter den Belegen dieser Zeit weist nichts auf eine medizinische Verwendung hin. Stattdessen tritt in den Tropen der erfrischende Charakter des Gin Tonics in den Vordergrund.

Dennoch sind auch die medizinischen Eigenschaften des Chinins für die Entstehung des Gin Tonics von Belang: Seine lange Tradition als allgemeines Stärkungsmittel inspirierte Bond zu seinem »tonischen Wasser« und ebnete der Vermarktung von Tonic Water den Weg. Überdies trug die traditionelle Verwendung von Chinin in alkoholischen Getränken – egal, ob in tonischen Weinen oder Spirituosen – zur Akzeptanz von Gin Tonic bei. Und auch wenn die Nutzung als Malariamittel dabei nicht im Vordergrund stand, assoziierte man Chinin mit Gesundheit, was Gin Tonic als geeignetes Getränk für heiße Klimate erscheinen ließ.

Je mehr Quellen online verfügbar sind und je leichter sich darin recherchieren lässt, desto besser wird sich die Geschichte des Gin Tonics in Zukunft untersuchen lassen. Bisher noch wenig genutzt sind zudem die Archive von Herstellern wie Schweppes. Diese könnten noch mehr über die Zeit der Einführung und den Export von Tonic Water nach Indien verraten, das fraglos ein Schlüsselort für die Entstehung des Gin Tonics ist. Aber auch Briefe, Rechnungsbücher, Bewirtungsrechnungen und Lokalzeitungen könnten noch weiteren Aufschluss über die bisher noch schwer zu fassende Entstehungs- und Verbreitungsgeschichte von Gin Tonic geben.

Botanische Darstellung einer Zitrone, *Köhler's Medizinal-Pflanzen* (1887)

Aurantieae.

Citrus Limonum Risso.

3.

EISGEWINNUNG IN FRÜHEREN ZEITEN

Eis ist in vielen Drinks unverzichtbar – so auch im Gin Tonic. Heute steht in jeder Küche ein Kühlschrank und es fällt schwer, sich vorzustellen, dass Eis bis Mitte des 20. Jahrhunderts ein teures Gut war. Bevor die moderne Technik in die Haushalte Einzug hielt, wurde es in weit entfernten Bergregionen oder sogar im Ausland geerntet. Seinen Bestimmungsort erreichte es nur mithilfe einer komplexen Kühlkette: Das Eis musste gut isoliert transportiert und gelagert werden, damit die Temperatur unter dem Gefrierpunkt blieb.

Geerntet und gelagert wird Eis schon seit Jahrtausenden. So belegt z. B. eine 4000 Jahre alte Keilschrifttafel, dass im mesopotamischen Stadtstaat Mari ein zur Lagerung von Eis bestimmtes Eishaus errichtet wurde, das zur Isolierung mit Tamariskenzweigen ausgekleidet war. Man vermutet, dass es zur Lagerung von Eis aus dem Zagros-Gebirge diente, das im Norden und Osten an den heutigen Irak grenzt. Auch 3000 Jahre alte Aufzeichnungen aus China sowie aus dem antiken Griechenland und Rom beschreiben den Verkauf von Eis und Schnee in den Städten. Es diente dazu, Getränke zu kühlen. Im 17. Jahrhundert berichteten Persien- und Türkeireisende von aufwendig konstruierten Eis- und Schneespeichern und vom gefrorenen Fruchtgetränk *Sharbat*, das vermutlich zum Vorläufer der europäischen Sorbets wurde. Eishäuser entstanden auch im mittelalterlichen Europa im Umfeld von Klöstern und Burgen. Im 18. Jahrhundert gehörten sie dann auch zur Standardausstattung adeliger Landsitze. Häufig wurden sie in der Nähe von Seen errichtet. Wie viele andere hat auch das aus dem 18. Jahrhundert stammende Eishaus in Kew Gardens die Zeit überdauert.

Um das Eis zum Kühlen von Getränken und zur Lagerung von Lebensmitteln zu beschaffen, wurden im 19. Jahrhundert große Mengen Natureis per Schiff von Neuengland aus zu weit entfernten Häfen transportiert. Die Ziele lagen in Indien, in der Karibik, in Großbritannien und nach ihrer Öffnung für westliche Händler auch in China und Japan. Einen Großteil des Handels kontrollierte der Bostoner Kaufmann Frederic Tudor (1783–1864). Um die Kühlkette aufrechtzuerhalten, wurden große Eishäuser errichtet. Einige davon wurden von dankbaren Bürgern finanziert, andere – wie z. B. im indischen Kalkutta (heute: Kolkata) – bezahlte Tudor selbst. Der Handel mit Eis hatte enorme Ausmaße. So lag z. B. der Inlandsverbrauch der USA im Jahr 1880 bei 5 Millionen Tonnen, und die Exporte nach Indien erreichten 1856 mit 146.000 Tonnen ihren Höchststand. In Indien erschloss die Eisenbahn das Binnenland und lieferte das Eis für die dortigen Eisschränke. Mit dem darin gelagerten Eis bereitete dann der *Abdar* (ein für Getränke zuständiger Diener) kühle Getränke für den jeweiligen Haushalt zu.

Anfang des 19. Jahrhunderts revolutionierten zwei Erfindungen die Verfügbarkeit von Eis. So kamen in den 1830er-Jahren die ersten Eisbereitungsmaschinen auf den Markt. Ab den 1860er-Jahren waren dann dampfbetriebene Kältemaschinen – die Vorläufer der heutigen Kühlschränke – in Gebrauch. Dennoch ging der Seehandel mit Eis noch mehrere Jahrzehnte weiter. Anfang des 20. Jahrhunderts wurde Eis dann in Europa und Nordamerika allmählich von der Luxusware zum Alltagsgut. Während man Lebensmittel bis dahin in Europa noch bevorzugt in Kellern und Speisekammern lagerte, war in den USA schon ein Eisschrank in Gebrauch, der regelmäßig mit frischem Eis befüllt wurde. Doch schon Ende des 19. Jahrhunderts standen für Industrie und Gewerbebetriebe in größerem Umfang Kühlschränke zur Verfügung. Allerdings erreichten sie erst ab den 1920er-Jahren die Haushalte. In den USA erfuhren die Kühlschränke nach der Wirtschaftskrise der 1930er-Jahre eine größere Verbreitung, in Europa ab den 1960er-Jahren. Das künstlich hergestellte Eis ließ sich im Vergleich zu aus Flüssen und Seen gewonnenem Eis nicht nur zuverlässiger beschaffen, auch die Gefahr einer Verunreinigung durch Krankheitserreger und industrielle Nebenprodukte war geringer. Der guten Verfügbarkeit und dem günstigen Preis verdankt das künstlich hergestellte Eis bis heute seine fast allgegenwärtige Verwendung in Cocktails und Erfrischungsgetränken.

Kühlung mittels Äther: Die Eismaschine von Siebe & Harrison wurde auf der Londoner Weltausstellung von 1862 gezeigt. Sie konnte 1220 Liter Quell- oder Flusswasser in solide Eisblöcke verwandeln. Kupferstich, Wellcome Collection

Sommereis, *Shiwu Bencao (Materia Dietetica)*, diätetisches Kräuterbuch in vier Bänden aus der Ming-Zeit (1368–1644), Wellcome Collection

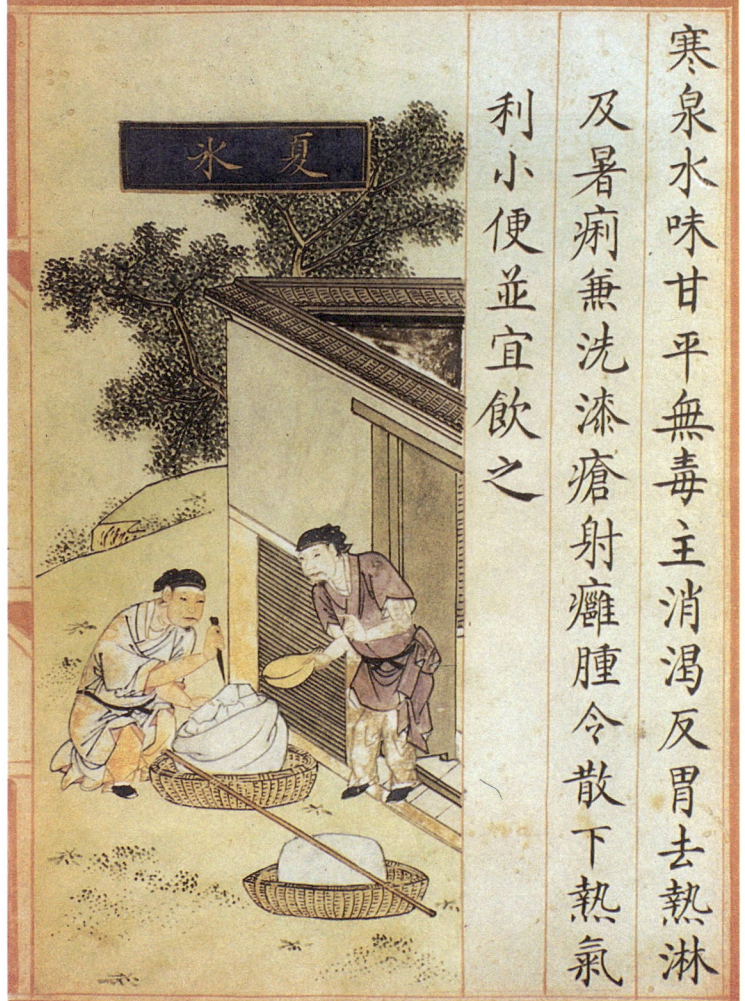

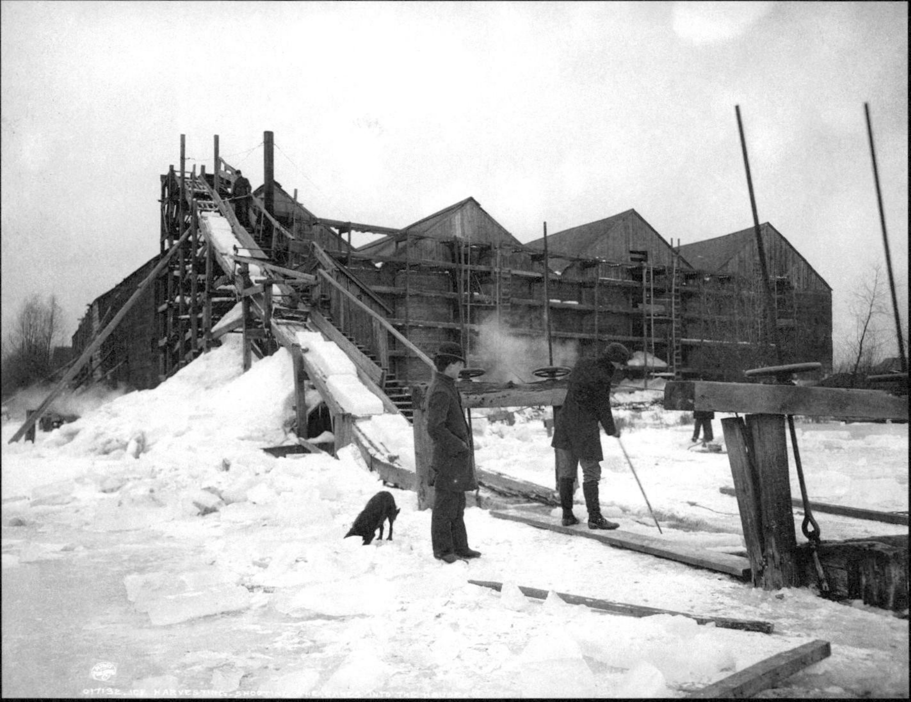

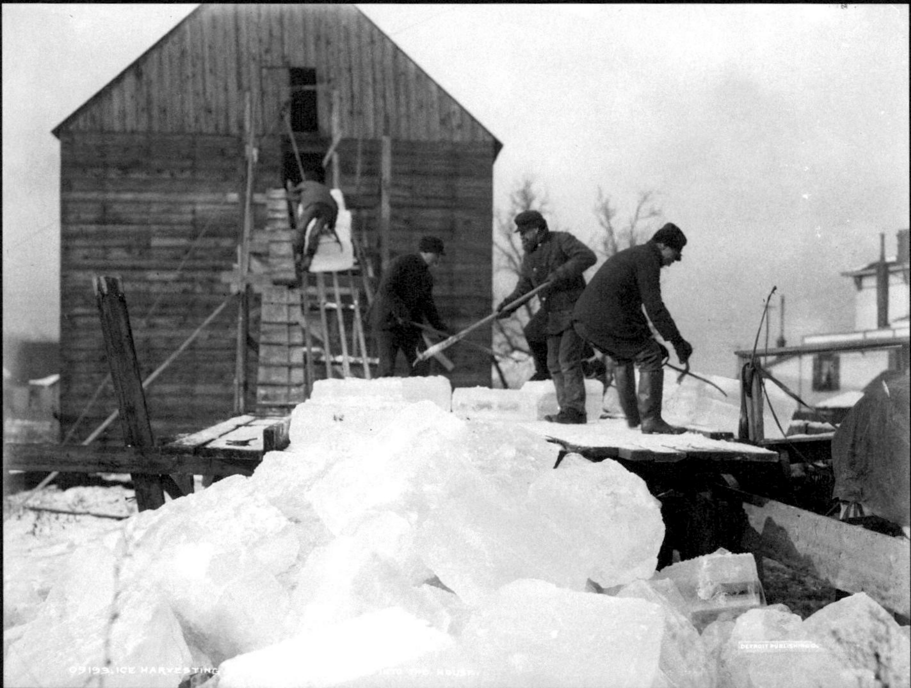

George Cruikshank fec

7.

AUFSTIEG, FALL UND REVIVAL VON

GIN TONIC

EINE KURZE GESCHICHTE DES GINS	ENTWICKLUNG DER COCKTAILS

EIN TROPISCHER DRINK	GIN TONIC IN EUROPA

KRIEGSBEDINGTE KNAPPHEIT	VERBREITUNG NACH KRIEGSENDE	DER ABSTIEG

REVIVAL DES GIN TONICS	UND DIE ZUKUNFT?	GIN UND TONIC AUS KEW

Nachdem Tonic Water in den 1860er-Jahren als gesundes »Tonikum« auf den Markt kam, entdeckte man 1868 im tropischen Indien auch die erfrischende Wirkung von Gin Tonic. Der in den 1920er-Jahren äußerst beliebte, typisch britische Longdrink eroberte in den 1950er-Jahren die USA, geriet dann aber in Vergessenheit, da sich die Verbrauchervorlieben veränderten. In den letzten zehn Jahren hat handwerklich erzeugter Gin ein beachtliches Revival erlebt, rasch gefolgt von einem ähnlichen Aufschwung beim Tonic Water.

EINE KURZE GESCHICHTE DES GINS

Die Wurzeln des Gins gehen zurück auf den niederländischen Genever, der im Mittelalter als »Jenever« entstand. Namensgebend war die Wacholderbeere *(Juniperus)*, auch die wichtigste Zutat im Gin. Ursprünglich ein aus Wein destillierter, aromatisierter Branntwein, wurde Genever im 16. Jahrhundert zum getreidebasierten Schnaps.

Im Dreißigjährigen Krieg (1618–1648) kamen dann englische Soldaten mit dem Genever in Kontakt und tranken sich damit Mut an, weshalb er auch als *Dutch Courage* (»holländischer Mut«) bekannt war. Da der Genever ein teures Importgut war, erlangte er in Großbritannien keine weite Verbreitung. Allerdings regte seine Beliebtheit im 17. Jahrhundert die Herstellung heimischer Brände an, die ebenfalls aus Getreide und Wacholderbeeren destilliert

Gegenüber: Bar in einem »Gin-Palast«, George Cruikshank (um 1842), Wellcome Collection

wurden. Der Name »Genever« wurde zu »Gin« anglisiert und aufgrund der Herstellung vor Ort konnte dieser zu günstigen Preisen verkauft werden. Die Erhöhung der Biersteuer führte im 18. Jahrhundert zu einer rückläufigen Bierherstellung und einer starken Zunahme der Gin-Produktion.

Die zunächst im Vergleich zum europäischen Festland eher geringe Beliebtheit von Spirituosen nahm in England rasch zu. So wurden in den 1730er-Jahren allein in London jährlich 50 Millionen Liter Gin er-

zeugt, was 63 Liter pro Einwohner entspricht. Dies führte in der ersten Hälfte des 18. Jahrhunderts zur »Gin-Krise«, die – wie William Hogarths Stich *Gin Lane* veranschaulicht – vor allem in der Arbeiterklasse erhebliche gesundheitliche und sozia-

Oben: »Der Gin-Verkäufer und die drei Bettler«, Radierung, Jan van Ossenbeeck (17. Jahrhundert), Rijksmuseum, Amsterdam

Gegenüber: *Gin Lane*, William Hogarth (1751), Wellcome Collection

le Probleme nach sich zog. In der Folge wurden mehrere Gesetze erlassen, um den Gin-Handel zu regulieren. Sie zeigten jedoch wenig Wirkung und trieben den Gin-Verkauf vorwiegend in den Untergrund.

Mitte des 19. Jahrhunderts entstanden in vielen englischen Städten sogenannte Gin-Paläste. Diese mondänen Bars bestanden meist aus einem großen, offenen Raum mit einem langen, polierten Tresen, hatten jedoch keine Sitzgelegenheiten, sodass jeden Tag Tausende von Gästen bedient werden

konnten. Mithilfe modernster Baumaterialien errichtet, war ein solcher Gin-Palast *ein prächtiges Gebäude mit einer mit Pilastern verzierten Front, die ein herrliches Gesims und Gebälk sowie Balustraden trägt, und einer auffälligen, ansehnlichen Fassade«.

In den 1830er-Jahren entstanden Brennanlagen für die kontinuierliche Destillation, mit denen sich Alkohol in gleichbleibender Qualität herstellen ließ. Dass damals einige der heute bedeutendsten

Brennereien wie Gordon's und Beefeater gegründet wurden, ist kein Zufall. Ihr Gin war trockener als frühere Sorten, enthielt typischerweise 10 bis 20 Botanicals und entspricht dem modernen London Dry Gin, wie er heute überwiegend getrunken wird.

ENTWICKLUNG DER COCKTAILS

In den Vereinigten Staaten wurden in den 1870er-Jahren sowohl der niederländische Genever als auch der Londoner Gin in Zeitungsanzeigen zunächst wegen ihrer medizinischen Eigenschaften beworben. Allerdings steht zu vermuten, dass sie auch aus Genussgründen konsumiert wurden.

Vor allem im heißen und feuchten Süden der USA hatte der Genuss gekühlter Getränke eine lange Tradition. Von hier stammen auch die Juleps – bestehend aus einer Spirituose, leicht angedrückter Minze, Zucker oder Sirup und Eis. Von den echten Cocktails, deren Vorläufer sie waren, trennt sie – ebenso wie den Gin Tonic, der als

Longdrink gilt – nur ein schmaler Grat. Denn streng genommen, werden Cocktails als Mischungen von alkoholischen Getränken mit Zucker und Bitterspirituosen definiert. Serviert wurden Cocktails wie Longdrinks in den »American Bars«, die in den zunehmend urbanisierten USA entstanden.

Bekannte Barkeeper wie Jerry Thomas vom New Yorker Metropolitan Hotel erhoben das Cocktailmixen zur Kunstform. 1868 eröffnete Thomas in London die erste »American Bar« Europas. Thomas verfasste auch eines der bekanntesten Cocktail-Handbücher, das Barkeeper auch heute noch ins-

Oben: »Der Gin-Moloch«, George Cruikshank, *My Sketch Book* (1834), British Library

Gegenüber: Mit dem Blue Blazer – einer feurigen Mischung aus Whisky und kochendem Wasser – stellten Barkeeper ihre Kunstfertigkeit unter Beweis, Jerry Thomas, *How to Mix Drinks: Or, The Bon-Vivant's Companion* (1862)

piriert. Für die meisten Gin-Rezepte in der 1887 erschienenen Ausgabe seines Bar-handbuchs wird allerdings Genever (Holland-Gin) verwendet.

Unterbrochen wurde die Geschichte des Gins in den USA zwischen 1920 und 1933 durch die Prohibition. Seinerzeit florierten geheime *Speakeasies* (»Flüsterkneipen«), die illegal hergestellten *Bathtub Gin* (»Bade-wannen-Gin«) verkauften. Zeitgleich vertrieben allerdings die Apotheken Alkohol für medizinische Zwecke, was beim Alkohol die Grenzen zwischen Heil- und Genussmittel verschwimmen ließ. So pries der Barkeeper Jack Grohusko in seinem Bar-handbuch *Jack's Manual* noch im Jahr 1933 die medizinischen Eigenschaften des Holland-Gins (Genever) mit den Worten, dieser habe *»in Maßen genossen, eine reinigende Wirkung auf die Nieren«.*

EIN TROPISCHER DRINK

Wie in Kapitel 5 beschrieben, war Gin Tonic zwischen 1880 und 1930 eng mit den Tropen verbunden, auf die auch die seltenen in Großbritannien erschienenen Belege in dieser Zeit stets verwiesen. So klagte z.B. 1881 ein verärgerter Leserbriefschreiber in der *Sporting Times*, in England gebe es, anders als in Indien, kein Tonic Water.

Tatsächlich wurde Chininwasser oder Tonic Water ab den 1860er-Jahren auch in England beworben. Doch die Idee, es mit Gin zu mischen, setzte sich offenbar erst in den 1880er-Jahren durch.

An den Herausgeber der *Sporting Times*

Sehr geehrter Herr,
warum lässt sich in England, dem Land, in dem es so gut wie jedes Mineralwasser gibt, kein Tonic Water beschaffen? Einen Großteil meines Lebens habe ich in Indien verbracht und bin gerade von einem sechsjährigen Aufenthalt dort zurückgekehrt. Indien ist mit vielen Freuden gesegnet, doch einer seiner größten Genüsse ist dieser köstliche Aperitif. In England genießt man Brandy und Sodawasser sowie weitere Getränke, doch das am häufigsten konsumierte Getränk Indiens, nämlich den Gin Tonic, sucht man hier vergebens. Gin ist hier natürlich erhältlich, aber wo ist das Tonic? Diese Frage möchte ich Ihnen stellen. Eventuell können Sie sie beantworten oder sie in Ihrer Wochenendausgabe veröffentlichen. Vielleicht fällt sie einem »alten Inder« ins Auge, der mir mitteilen kann, ob und gegebenenfalls wo ich das Getränk bekommen kann.

Ihr ANGLO-INDIAN, 28. April 1881

– Brief an den Herausgeber der *Sporting Times*, London (14. Mai 1881)

Im Juni 1914 veröffentlichte die britische Tageszeitung *The Times* eine Übersicht zur »Geografie der Drinks«, die die Verwandtschaft verschiedener Arten von Mixgetränken in Großbritannien und Übersee belegt. Was das Thema »passendes Klima« anging, war die *Times* strikt:

»Es steht zu befürchten, dass viele Briten einige Jahre zu früh das Zeitliche segnen, weil sie auch in den Tropen auf britischen Gepflogenheiten beharren. Vereinfacht lässt sich sagen, dass ein Shandygaff *[Bier mit Ginger Beer] in Gin-Tonic-Breitengraden der Gesundheit nicht zuträglich ist.«*

GIN TONIC IN EUROPA

Für Longdrinks wie den Gin Tonic boten die »Gin-Paläste« nicht das typische Umfeld. Doch nicht allzu fern davon, in den Clubs und Hotels des britischen Establishments, wurden Longdrinks und Cocktails Mitte des 19. Jahrhunderts zunehmend beliebter. Nach und nach ersetzten sie die Punschgetränke mit geringem Alkoholgehalt, deren Genuss in der Mittelschicht sehr verbreitet war. Die 1920er- und 1930er-Jahre gelten als Cocktail-Ära schlechthin. Allerdings weist der Gin-Historiker Richard Barnett darauf hin, dass Hauptzutaten wie Bitterspirituosen, Wermut und Soda bereits im 18. Jahrhundert entwickelt und schon im 19. Jahrhundert in Cocktails verwendet wurden. Ein großer Cocktail-Liebhaber war der berühmte Küchenchef Alexis Soyer. Sein Restaurant, das bei der Weltausstellung 1851 die Massen erquicken sollte, offerierte 40 verschiedene Cocktails. Das 1869 in London erschienene Cocktail-Buch *Cooling Cups and Dainty Drinks* enthielt

Billie's Bar, 56th Street und First Avenue in Manhattan (New York), Fotografie, Berenice Abbott (1936), New York Public Library

allerdings immer noch zu einem Drittel Punschrezepte, und nur wenige Seiten waren den Cocktails gewidmet, darunter *»die nektarische Mixtur ›Mint Julep‹«,* der Locomotive und der Gin-Cocktail.

Noch rätselhafter als sein Ursprung in den Tropen ist der Weg, auf dem der Gin Tonic von Indien nach Großbritannien gelangte. Richard Barnett stellte fest, dass es dafür wenige konkrete Belege gibt, Gin Tonic aber bereits Anfang des 20. Jahrhunderts auf den Cocktail-Karten der besseren Londoner Hotels stand. Um 1925 erwähnte die britische Presse Gin Tonic erstmals nicht ausschließlich als tropisches Getränk. Auffallend ist, wie oft er als Getränk für heiße Tage in Großbritannien erwähnt wird, was auf seinen erfrischenden Charakter hinweist. 1925 schrieb die britische Zeitung

The Bystander über den Lebemann Cyril, der einen Freund dazu einlädt, *»bei einem langsam getrunkenen eisgekühlten Gin Tonic in einem Club in der Nähe«* der Hitze zu entfliehen. Außerdem ist er auch Pferdewetten zugeneigt und damit ein typisches Beispiel dafür, dass die Presse jener Tage Gin Tonic vor allem mit Pferderennen in Verbindung brachte. Möglicherweise ist es kein Zufall, dass ein in den 1920er-Jahren erfolgreiches Rennpferd den Namen »Gin and Tonic« trug. Um Gin Tonic drehten sich auch viele Gerichtsverhandlungen dieser Zeit. Meist ging es dabei um betrunkene Fahrer, die vor Fahrtantritt ein bis vier Gläser Gin Tonic zu sich genommen hatten und nicht mit den Auswirkungen rechneten.

Es liegt nahe, das Aufkommen des Gin Tonics im England des 20. Jahrhunderts mit der Rückkehr pensionierter Armeeoffiziere aus Indien zu erklären. Hierbei stellt sich jedoch die Frage, warum es so lange dauerte, bis sich der Drink, der in Indien schon ab den 1860er-Jahren bekannt war, in England durchsetzte. Zudem hätten zeitgenössische Beobachter diesen Zusammenhang sicherlich kommentiert. Vielleicht war man zunächst der Meinung, ein Drink wie der Gin Tonic eigne sich nicht für das britische Klima. Auch die Sozialgeschichte der Barkultur verdient in dieser Frage eine genauere Untersuchung.

In Zusammenhang mit dem Golfsport tauchte Gin Tonic erstmals in den 1930er-Jahren auf, wobei *Green 'Un*, eine wöchentlich erscheinende Sportzeitung, *»einen kleinen Gin Tonic vor dem Spiel«* empfahl. Zweifellos wurde der Absatz von Tonic Water auch durch Schweppes' erste Werbekampagne von 1933 gefördert, die speziell auf Gin Tonic ausgerichtet war. Wie wir bei der späteren Werbung für Tonic Water in den USA sehen werden, ließ es Schweppes beim Marketing an nichts fehlen. Auch dies könnte die Wahrnehmung von Gin Tonic als alltagstauglichen Drink durchaus beeinflusst haben. Das erste Barhandbuch mit einem Gin-Tonic-Rezept, Frank Meiers *The Artistry of Mixing Drinks* (Paris, 1936),

nennt als Mixer *»einen Teil Schweppes Indian Tonic Water«* und lässt damit die Frage aufkommen, ob Schweppes zu jener Zeit seine Werbeanstrengungen schon auf Kontinentaleuropa ausgedehnt hatte.

KRIEGSBEDINGTE KNAPPHEIT

Der Aufstieg des Gin Tonic kam im Zweiten Weltkrieg zum Stillstand, als die japanische Invasion Indonesiens im Jahr 1942 die Chininlieferungen aus den javanischen *Cinchona*-Plantagen unterbrach. Obwohl in Indien und Afrika weiterhin Chinin produziert wurde, war das Angebot knapp. Um eine möglichst effiziente Nutzung der Ressourcen zu gewährleisten, wurde Großbritanniens Erfrischungsgetränkeindustrie unter staatliche Aufsicht gestellt. Unter der Federführung der Soft Drinks Industry (War Time) Association wurden 1943 einige Fabriken geschlossen und anstelle von Tafelwasser wie Tonic wurden vorwiegend konzentrierte Fruchtsirupe erzeugt, deren Transport effizienter war.

In Nordamerika hatte der Krieg ähnliche Auswirkungen. Die Getränkefirma Canada Dry hatte 1938 ihr erstes Indian Tonic Water auf den Markt gebracht. Damit zielte sie auf kanadische Bars, die vorwiegend auf importiertes Tonic Water angewiesen waren. Zwischen 1941 und 1945 ruhte die Produktion, da Chinin medizinischen Zwecken vorbehalten war. In den USA wurden Apotheker dazu angehalten, ihre Vorräte nach nicht benötigtem Chininpulver zu durchsuchen. Allein im Nordosten des Landes, wo Malaria üblicherweise nicht auftrat, konnten dadurch beträchtliche Mengen Chininpulver zur Verfügung gestellt werden. Dies belegt, dass Chinin auch über die Antimalariawirkung hinaus wegen seiner tonisierenden Wirkung als gesundheitlich nützlich geschätzt wurde. Von den USA ging auch eine systematische Erforschung und Ausbeutung der wild wachsenden *Cinchona*-Vorkommen in Südamerika aus. So wurden die alten Handelswege, die vor der Einrichtung der javanischen Plantagen so bedeutend gewesen waren, wiederbelebt.

Piccadilly Circus (London), während des Zweiten
Weltkriegs von einem Angehörigen der US Army Air
Force fotografiert. Die Leuchtreklamen erstrahlten
erst wieder im Jahr 1949. Imperial War Museum

VERBREITUNG NACH KRIEGSENDE

Erst 1949, lange nach Kriegsende, erstrahlten die Lichter am Piccadilly Circus erneut, und die traditionsreiche Leuchtreklame für Schweppes Tonic Water war wieder Teil der berühmten Nachtbeleuchtung. Als führender Tonic-Water-Hersteller sollte Schweppes eine wichtige Rolle beim Aufschwung des Gin Tonics in der Nachkriegszeit spielen. Die kriegsbedingte Regulierung der Erfrischungsgetränkeindustrie endete 1948, die Zuckerrationierung 1953, und für die Hersteller von Erfrischungsgetränken begann eine Phase der Expansion.

Vor dem und während des Zweiten Weltkriegs galt Gin Tonic jenseits des Atlantiks als ein ausgesprochen britischer Drink. So schrieb beispielsweise der britische Schriftsteller Rudyard Kipling, ein großer Gin-Tonic-Liebhaber, seinem Schwiegersohn 1930 von den Bermudainseln: »*Diese Leute [...] sind so unwissend, dass sie ›Gin, Tonic und Bitter‹ nicht als Drink kennen. Ich habe ihn bestellt und seither serviert ihn der Barmann unter dem Namen ›Kipling‹.*«

1944 schrieb der amerikanische Journalist Noel Busch: »*Die Engländer essen zum Frühstück kleine ölige Fische, lauwarmen Brei und andere Dinge dieser Art, was perfekt zu ihnen passt. Außerdem nehmen sie auch eigentümliche Getränke zu sich, wie z. B. den Gin Tonic, der ihnen das Sumpffieber vom Leib halten soll.*« Gin Tonic verbreitete sich vor allem nach dem Krieg – im Zuge der zunehmenden Werbung für Tonic Water – in den USA.

Das Indian Tonic Water von Canada Dry wurde 1949 in »Quinac« umbenannt. Ein Grund hierfür war ein Dekret der US-Regierung, demzufolge chininhaltiges Wasser nicht als echtes Tonikum im medizinischen Sinn vermarktet werden durfte. 1952 wurden in den USA 935.000 Kästen Quinac verkauft. Dies entsprach einem Anteil von 80 Prozent am gesamten Tonic-Water-Markt. Auch die Gin-Hersteller verzeichneten einen Anstieg ihrer Verkäufe. Denn die Werbung für Tonic Water steigerte auch die Nachfrage nach Gin Tonic und der

Drink fand zunehmend auch außerhalb der Gin-Tonic-Hochburgen New York und Washington Anklang. Da sich Gin Tonic einfacher zubereiten ließ als komplexere Drinks, standen vor allem Barkeeper im Fokus der Werbekampagnen. Es ist kein Zufall, dass Schweppes zur selben Zeit ein eigenes Tonic Water auf den US-Markt brachte und 1953 einen Franchisevertrag mit Pepsi-Cola schloss. 1955 wurden in den Vereinigten Staaten etwa 70 Millionen Drinks mit Schweppes Tonic gemixt. Die Werbekampagne für Schweppes in den Vereinigten Staaten leitete der britische Commander Edward Whitehead. Seine adrette Erscheinung und sein imposanter Bart machten ihn in der Schweppes-Werbung der 1950er- und 1960er-Jahre beiderseits des Atlantiks bekannt und trugen zur Wahrnehmung von Gin Tonic als kultiviertem Drink bei.

Da Tonic Water vielen Menschen zu bitter war, um es pur zu trinken, führte Schweppes 1957 Bitter Lemon ein. Das Erfrischungsgetränk, dessen Vorbilder Getränke aus Zitrusfruchtfleisch wie Orangina waren, verdankt sein Aroma ätherischen Ölen in der Schale fein zerkleinerter Zitronen. Dank Fernsehwerbung wurden in den ersten acht Monaten mehr als 36 Millionen Flaschen abgesetzt, womit es das gleichzeitig auf den Markt gebrachte Bitter Orange überflügelte. Die Werbung für das süßere Bitter Lemon richtete sich vor allem an Frauen. Heute ist Bitter Lemon ein Nischenprodukt, wird aber – wie auch neutrales Tonic Water – in vielen warmen Gegenden gern pur getrunken.

DER ABSTIEG

Unter den Erfrischungsgetränken des 20. Jahrhunderts hatten die Cola-Getränke den größten Erfolg. Sie entstanden in den USA und wurden als gesundheitsfördernd und erfrischend beworben. Den bekanntesten Vertreter, Coca-Cola, kreierte 1886 der Apotheker John Pemberton aus Atlanta. Auch Pepsi-Cola (1893) und Dr. Pepper (1885) stammen aus dieser Zeit. Flossen die kohlensäurehaltigen Getränke zunächst

INTERIOR OF STORE, BEACH PARK DRUG CO. 612 MIDLAND AVENUE, MIDLAND BEACH.
STATEN ISLAND, N. Y.

noch aus den beliebten Sodazapfanlagen, prägte ihre Flaschenabfüllung später die amerikanische Populärkultur. Auf den europäischen Markt gelangten Cola-Getränke erst in den 1950er-Jahren, als die Kapazitäten für Herstellung und Marketing der Getränkehersteller nicht mehr nur auf die Versorgung der Soldaten ausgerichtet waren. Besonders die Einführung kalorienarmer Varianten hatte in den 1970er-Jahren Einfluss auf Verbrauch und Vermarktung. Waren Tonic Water und Limonade noch in den 1950er-Jahren die in Großbritannien beliebtesten kohlensäurehaltigen Getränke, büßten sie diesen Rang nun durch die Vorherrschaft der US-amerikanischen Erfrischungsgetränke ein.

In den 1970er-Jahren litt auch Gin unter seinem bürgerlichen Image, und Karikaturisten nutzten Gin Tonic als Symbol für den golfspielenden Langweiler. Zudem reichte die geschmackliche und preisliche Bandbreite der wenigen auf dem Markt er-

hältlichen Dry Gins nicht an die der Whiskys heran. Nach wie vor wurde Gin Tonic häufig serviert, doch er beflügelte weder die Fantasie der Hobby-Mixologen noch die der jungen Verbrauchergeneration. Mitte der 1980er-Jahre hatten schließlich auch andere Gin-Cocktails wie der Martini – bestehend aus Gin und Wermut – ihre Attraktivität eingebüßt.

REVIVAL DES GIN TONICS

In den 1950er-Jahren trug die Vermarktung von Tonic Water in den USA viel zum Aufschwung der dortigen Gin-Industrie bei. In den letzten 20 Jahren hingegen hat vor allem die Entwicklung handwerklicher Gins in Großbritannien und Nordamerika die Tonic-Water-Branche wiederbelebt. Als erster neuer Premium-Gin kam Mitte der 1980er-Jahre Bombay Sapphire mit seiner auffällig gestalteten Flasche und dem Fokus auf qualitativ hochwertige Botanicals auf den Markt. Große Produzenten wie Gordon's und Plymouth Gin folgten. Doch die eigentliche Revolution in Sachen Gin war der Trend zur Mikroproduktion in kupfernen Brennblasen.

Oben: Sodazapfanlage in Staten Island, New York (um 1920), New York Public Library

Im US-Bundesstaat New York entstanden Anfang der 2000er-Jahre erste handwerkliche Brennereien. In Großbritannien folgte 2009 die Sipsmith-Destillerie in Westlondon. Für ihre Brennlizenz hatten die Gründer einen zweijährigen Kampf mit der Steuer- und Zollverwaltung auszufechten. Denn ihre Kleinproduktion verstieß gegen Gesetze aus dem 18. Jahrhundert, die darauf abzielten, die Schwarzbrennerei einzudämmen. Nach einer Lockerung der Gesetze erlebte das handwerkliche Brennen einen starken Aufschwung. Mittlerweile stellen in den USA wie in Großbritannien Hunderte von Mikrobrennereien Gin her.

Auf die wachsende Beliebtheit von Spirituosen wie Gin, aber auch Wodka, reagierte die Erfrischungsgetränkebranche mit einer gewissen Verzögerung. 2005 brachte dann das junge Unternehmen Fever-Tree mit dem Premium Indian Tonic Water sein erstes Produkt auf den Markt. Zunächst nur in gehobenen Supermärkten erhältlich, wurde es ab 2008 landesweit verkauft. Auch in der Folgezeit florierte das Unternehmen und vertreibt aktuell sieben Tonic-Varianten. Andere Hersteller wie Fentimans, Double Dutch und East Imperial zogen mit eigenen Premium-Tonics nach, während Schweppes seine Getränke 2017 wieder in birnenförmigen Flaschen vermarktete – eine Hommage an die über 200 Jahre zurückliegenden Anfänge des Unternehmens. 2018 wurden in Großbritannien mit Tonic Water 687 Millionen Pfund (ca. 760 Millionen Euro) erwirtschaftet, etwa ein Drittel mehr als noch 2017 und ungefähr die Hälfte des Jahresumsatzes in der Gin-Industrie.

Trotz aller Erfolge musste Tonic Water jedoch um seinen Namen bangen: In der Europäischen Union wurde geprüft, ob die

Gin und Tonic aus Kew

Bezeichnung »Tonic« einen – nicht vorhandenen – gesundheitlichen Nutzen verspricht. Nachdem verschiedene Hersteller interveniert hatten, veröffentlichte das *Amtsblatt der Europäischen Union* 2019 eine Einigung: »Tonic« sei in diesem Fall eine beschreibende Bezeichnung für ein »*nichtalkoholisches kohlensäurehaltiges Getränk mit dem Bitterstoff Chinin*« und könne daher weiter verwendet werden.

UND DIE ZUKUNFT?

Die gesundheitlichen Auswirkungen des Alkohol- und Zuckerkonsums sind inzwischen immer stärker ins öffentliche Bewusstsein gerückt, und die Getränke- und Sodaindustrie sieht sich schwierigen Zeiten gegenüber. Vielleicht werden die Ursprünge als medizinisches Getränk dazu beitragen, dass Tonic Water diesen Veränderungen standhält.

In vielen Bars und Pubs ist der Gin Tonic inzwischen unverzichtbar. Im Fokus steht dabei jedoch mittlerweile oft die optisch ansprechende, individuelle Präsentation und weniger der Alkoholkonsum.

2017 legte die britische Statistikbehörde ihren jährlichen Bericht zu den Trinkgewohnheiten in Großbritannien vor. Diesem zufolge erreichte der Alkoholkonsum in jenem Jahr den niedrigsten je verzeichneten Stand, wobei er in der Altersgruppe der 16- bis 24-Jährigen am niedrigsten war. Markttrends deuten darauf hin, dass sich jüngere Verbraucher immer mehr vom Alkoholkonsum abwenden und vermehrt nach Alternativen suchen. Einigen Experten zufolge wird dieser neue Trend zur Abstinenz im Zeitalter von Instagram durch ein stärkeres Bewusstsein bei der persönlichen Darstellung in Online-Profilen gefördert.

Alkoholfreie Getränke für Erwachsene werden immer beliebter. Ein Beispiel ist das Unternehmen Seedlip: Neben handwerklich hergestellten Tonics, Bitters, Sirupen und Sodas füllt es die Supermarktregale auch mit alkoholfreien »Spirituosen« aus Gemüse und Gewürzen.

Doch Tonic Water erfreut sich einer wachsenden Beliebtheit und wird dabei von beiden Seiten des Marktes gestützt: einerseits von Gin-Liebhabern, andererseits von Mocktail-Fans, die sich etwas Gutes, aber eben auch Gesundes gönnen möchten.

Das letzte Kapitel der Tonic-Geschichte ist also noch lang nicht geschrieben!

GIN UND TONIC AUS KEW

Den Geschmack des Gins prägen vor allem die würzigen Beeren des Wacholders *(Juniperus communis)*. Bei verschiedenen Marken werden zusätzlich noch weitere Botanicals hinzugefügt, um ein spezielles Aromenspiel zu kreieren. Kews botanisch inspirierte Gins kamen 2017 auf den Markt. Gebrannt wurden sie von der London Distillery Company unter Verwendung von 42 verschiedenen Botanicals, die teilweise aus den Kew Gardens stammen.

Der in Bio-Qualität erzeugte Gin enthält Aromen aus vier Kategorien: zitrisch (Zitronen-, Limonen- und Grapefruitschalen), würzig (Muskatnuss, Süßholz und Zimtkassie), pikant (Heiligenkraut, Eukalyptus, Rosmarin und Zitronengras) und floral (Iriswurzel und Lavendelblüten). Die Botanicals werden im Alkohol mazeriert. Anschließend wird der Gin in einem großen kupfernen Destillierhelm destilliert.

In Zusammenarbeit mit dem Tonic-Water-Hersteller East Imperial erweiterte Kew sein Sortiment 2019 um ein Royal Botanic Tonic. Für seine Herstellung wird Chinarinde aus einer der letzten *Cinchona*-Plantagen auf Java verwendet. Das aus der Rinde extrahierte bittere Chinin wird durch die säuerlichen Aromen von Ruby-Red-Grapefruits und durch florale Noten von Holunderblüten ergänzt.

Kevin Law-Smith, Gründer von East Imperial, empfiehlt einen Gin Tonic aus 50 Millilitern Kew Organic Gin, 150 Millilitern Tonic Water, einem Grapefruittwist und einem Stängel Salbei.

Printed by O. E. Madeley, Wellington St. Strand.

THE PRETTY BARMAID.

Pubᵈ by O. Hodgson, Cloth Fair, London.

TEIL IV

TONIC-
COCKTAILS

Chère malade, c'est bien le véritable QUINA LAROCHE ;
il vous rendra la santé et vos belles couleurs.

8.

ZEHN DRINKS MIT TONIC WATER

Tonic Water kann auf eine lange, abwechslungsreiche Geschichte zurückblicken – eng verwoben mit der Historie von Malaria und Chinarinde sowie den großen Kolonialreichen.

Aus den Nebelwäldern der südamerikanischen Anden gelangte die Chinarinde in die frühneuzeitlichen Apotheken Europas und die gekühlten Trinkgläser Britisch-Indiens. Kaum ein anderer Baum hatte einen solchen Einfluss. Die erfrischend herben Ei-

genschaften des in der Rinde enthaltenen Chinins verhalfen dem damit hergestellten Tonic Water zu großer Beliebtheit – egal, ob es nun aus gesundheitlichen Gründen oder allein zum Genuss getrunken wurde.

Auch in den im Folgenden vorgestellten Cocktails spielt Tonic Water eine Hauptrolle. Die Rezepte spiegeln Meilensteine in der Geschichte der Chinarinde wider, die in Kombination mit alkoholischen Getränken wie Wein, Brandy und Rum ungeahnte Genüsse hervorbrachte.

Daran, dass chininhaltige Getränke auch seitens der Abstinenzbewegung eine hohe Wertschätzung erfuhren, erinnern einige Rezepte für Mocktails mit Tonic Water. Viel Vergnügen und zum Wohl!

Gegenüber: Werbung für Quina Laroche, einen chininhaltigen tonischen Wein (um 1880), Wellcome Collection

Vorherige Seite: »Die hübsche Bardame« (um 1840), Wellcome Collection

TONIC NACH TALBORS »ENGLISCHEM HEILMITTEL«

Die Wirkung des Geheimrezepts Robert Talbors (siehe S. 22 f.) überzeugte gleich zwei Monarchen: den britischen König Karl II. und den französischen Herrscher Ludwig XIV. Nach Talbors Tod enthüllte man, dass sein wundersames »englisches Heilmittel« »peruvianische Rinde« enthielt, was ihren Ruf als Heilmittel festigte.

Dieses Rezept basiert auf Talbors berühmter Rezeptur von 1682, einschließlich der von ihm verwendeten Zutaten wie Petersilie, Anis und Rosenblüten – allerdings ohne Chinarinde und Opium!

Gegenüber: Albarello (Apothekengefäß) für Chinarinde, Spanien (1731–1770), Science Museum/Wellcome Collection

- ◆ ½ TL Anis
- ◆ 1 EL frische Petersilie, gehackt
- ◆ 1 EL getrocknete Rosenblütenblätter, gehackt, oder 2 EL frische Rosenblütenblätter, gehackt
- ◆ 200 ml Gin

Zubereitung: Zutaten in ein verschließbares 250-Milliliter-Glas geben. Glas gut schütteln und Ansatz 4–6 Stunden ziehen lassen. Feststoffe durch ein feinmaschiges Sieb abseihen und Flüssigkeit in eine Flasche abfüllen.

Verwendung: Den aromatisierten Gin z. B. für das Rezept »Der perfekte Gin Tonic« (siehe S. 128) verwenden. Kühl und dunkel gelagert, ist der Auszug unbegrenzt haltbar.

CHININGEHALT IM BLICK BEHALTEN!

Im Internet finden sich viele Rezepte für Tonics und Tonic-Sirupe mit Chinarinde. Bei der Herstellung ist jedoch Vorsicht geboten, denn eine Überdosis des Alkaloids Chinin kann unerwünschte Nebenwirkungen haben. Zu den Symptomen gehören u. a. Hautrötungen, Ohrensausen, Sehstörungen, Bauchkrämpfe, Schwindel, Übelkeit und Erbrechen. Einige Menschen reagieren auf Chinin allergisch oder überempfindlich und sollten es ebenso meiden wie Patienten, die Medikamente einnehmen, sowie Schwangere und Stillende.

Einen Fall von Überdosierung von Chinin beschrieb die britische Fernsehköchin Clarissa Dickson-Wright in ihrer Autobiografie: Zwölf Jahre lang hatte sie täglich rund zweieinhalb Liter Tonic mit etwa einem Liter Gin zu sich genommen. Selbst nachdem sie den Alkoholkonsum aufgegeben hatte, führten die Nachwirkungen des Tonic Waters zu einer bleibenden Blutverdickung.

Eine Überdosierung lässt sich vermeiden, indem man den maximalen Chiningehalt pro Milliliter genau berechnet. Zum Vergleich: Bei Marken-Tonic-Water enthält ein Liter höchstens 83 Milligramm Chinin. Verwenden Sie selbst gemachte Tonics und Tonic-Sirupe zudem immer maßvoll und umsichtig und nehmen Sie sie nicht mehr zu sich, wenn unerwünschte Nebenwirkungen auftreten.

2.

DER PERFEKTE GIN TONIC

Zu jedem Gin gibt es ein perfekt dazu passendes Tonic Water. Wichtig sind das richtige Mischungsverhältnis von Gin und Tonic Water sowie die Verwendung qualitativ hochwertiger Zutaten, dann kann nicht mehr allzu viel schiefgehen. Erheben Sie also Ihr Glas zu Ehren jenes unbekannten Helden, der aus Chinin, Sodawasser und Gin einen Cocktail-Klassiker schuf!

- ◆ Eiswürfel
- ◆ 50 ml Gin
- ◆ 1 Zitrusschnitz (z. B. Limette, Zitrone, Orange, Grapefruit)
- ◆ 150 ml neutrales Tonic Water

Zubereitung: Ein Glas – idealerweise ein Ballonglas, geeignet ist aber auch ein Tumbler oder ein Highball-Glas – zur Hälfte mit Eis füllen und Gin darübergießen. Zitrusschnitz darüber ausdrücken und mit ins Glas geben. Mit Tonic Water aufgießen und servieren.

3.

THE ORANGERY

Kews berühmte Orangerie, die 1761 für den Anbau von Zitruspflanzen errichtet wurde, lieferte die Inspiration für den Kew Orangery Triple Sec. In diesem Rezept bereichert der Orangenlikör den klassischen Gin Tonic um einen Hauch Orange und ist eine Reminiszenz an Orangen-Chinin-Weine sowie die Orangenschalen, die bei frühen Rezepturen den Chiningeschmack überdeckten.

- ◆ Crushed Ice
- ◆ 25 ml Gin
- ◆ 25 ml Triple Sec
- ◆ 1 getrocknete Orangenscheibe oder 1 Orangentwist
- ◆ 150 ml neutrales Tonic Water

Zubereitung: Ein hohes Cocktailglas zur Hälfte mit Crushed Ice füllen. Gin und Triple Sec zugießen und umrühren. Orangenscheibe oder Orangentwist zugeben, mit Tonic Water aufgießen und servieren.

Links: Wacholderliköretikett mit Wacholderzweigen (19. Jahrhundert), Wellcome Collection

Gegenüber: Sevilla- oder Bitterorange, *Citrus* x *aurantium var. melitense*, Pancrace Bessa, in: Jean Claude Michel Mordant De Launay und Jean-Louis-Auguste Loiseleur-Deslongchamps: *Herbier Général de l'Amateur* (1817–1827)

Citrus Aurantium melitense.

Coniferae.

Juniperus communis L.

W.Müller n.d.Nat.

4.

GIN ST. CLEMENT'S

Seit Schweppes im Jahr 1957 das prickelnde, chininhaltige Bitter Lemon auf den Markt brachte, ist es auf vielen Bartresen zu finden. Auch im erfrischenden alkoholfreien St.-Clement's-Cocktail – einer Mischung aus Orangensaft und Bitter Lemon oder Zitronensaft – kommt es zum Einsatz. Seinen Namen verdankt der Cocktail St. Clement Danes, einer Londoner Kirche, die im britischen Kinderreim »Oranges and Lemons« erwähnt wird. Das folgende Rezept ist mit Gin abgewandelt, den man für einen Mocktail aber auch weglassen kann.

- ◆ Eiswürfel
- ◆ 50 ml Gin
- ◆ 150 ml Bitter Lemon
- ◆ 150 ml frisch gepresster Orangensaft

Zubereitung: Eiswürfel in einen Tumbler geben. Gin und Bitter Lemon darübergießen, Orangensaft zugeben und servieren.

Mocktail-Variante: Den Cocktail als alkoholfreie Version ohne Gin zubereiten.

Botanische Darstellung des Gemeinen Wacholders *(Juniperus communis).* Wacholderbeeren werden zum Aromatisieren von Gin verwendet, *Köhler's Medizinal-Pflanzen* (1887)

5.

GROG TONIC

Um den britischen Soldaten die Einnahme des bitteren Chinins schmackhaft zu machen, wurde es mit Alkohol gemischt. Einer der ältesten Quellen zufolge verwendete man hierfür zunächst Rum anstelle von Gin. Die Kombination von Rum und Tonic ergibt ein äußerst erfrischendes, leckeres Getränk mit erdigeren Aromen als beim Gin Tonic. Als Variante des Navy Grog, eines mit neutralem Sodawasser zubereiteten Cocktails, verleiht das Tonic Water in folgendem Rezept dem klassischen Cocktail eine interessante Note.

- ◆ Eiswürfel
- ◆ 1 Limettenschnitz
- ◆ 50 ml brauner Rum
- ◆ 100 ml neutrales Tonic Water

Zubereitung: Eiswürfel in einen Tumbler geben. Limettenschnitz darüber ausdrücken, Glasrand damit einreiben und Limettenschnitz ins Glas geben. Erst Rum, dann Tonic Water zugeben und servieren.

DAS LEUCHTEN IM DUNKELN

Haben Sie schon einmal bemerkt, dass Ihr Gin Tonic im Schwarzlicht einer Bar gespenstisch leuchtet? Grund hierfür ist das im Tonic Water enthaltene Chinin: Es absorbiert die UV-Strahlung und gibt sie als sichtbares bläuliches Leuchten wieder ab, das als Fluoreszenz bekannt ist.

6.

BRANDY TONIC

Zu den frühesten Cocktails mit Tonic Water gehört eine Mischung aus »Ingwer, Weinbrand und Tonic Water«, die 1863 – fünf Jahre nach der Patentierung von Tonic Water – in Hongkong kredenzt wurde. Obwohl die entsprechende Quelle kein exaktes Rezept benennt, ergänzen Weinbrand und Tonic Water einander perfekt, vor allem, wenn man noch eine Scheibe belebenden Ingwer zugibt – wie beim folgenden Rezept, eine Hommage an diesen frühen Cocktail. Am besten geeignet sind elegante, komplexe Brände wie Hine oder Delamain.

◆ Eiswürfel
◆ 1 Scheibe frischer Ingwer
◆ 1 Orangentwist
◆ 50 ml Weinbrand
◆ neutrales Tonic Water

Zubereitung: Eiswürfel, Ingwer und Orangentwist in ein Glas geben. Weinbrand zugeben, umrühren, nach Geschmack mit Tonic Water aufgießen und servieren.

Brandy-Verkäufer, 18. Jahrhundert, Wellcome Collection

7.

PORT TONIC

In Portugal kennt man diesen Mix als *Porto tónico*. Am besten schmeckt der Cocktail mit trockenem weißem Portwein wie z. B. Taylor's Port Chip Dry.

◆ Eiswürfel
◆ 1 Zitronenscheibe
◆ 75 ml weißer Portwein
◆ 75 ml neutrales Tonic Water

Zubereitung: Eiswürfel und Zitronenscheibe in ein Glas geben, Portwein sowie Tonic Water zugießen und servieren.

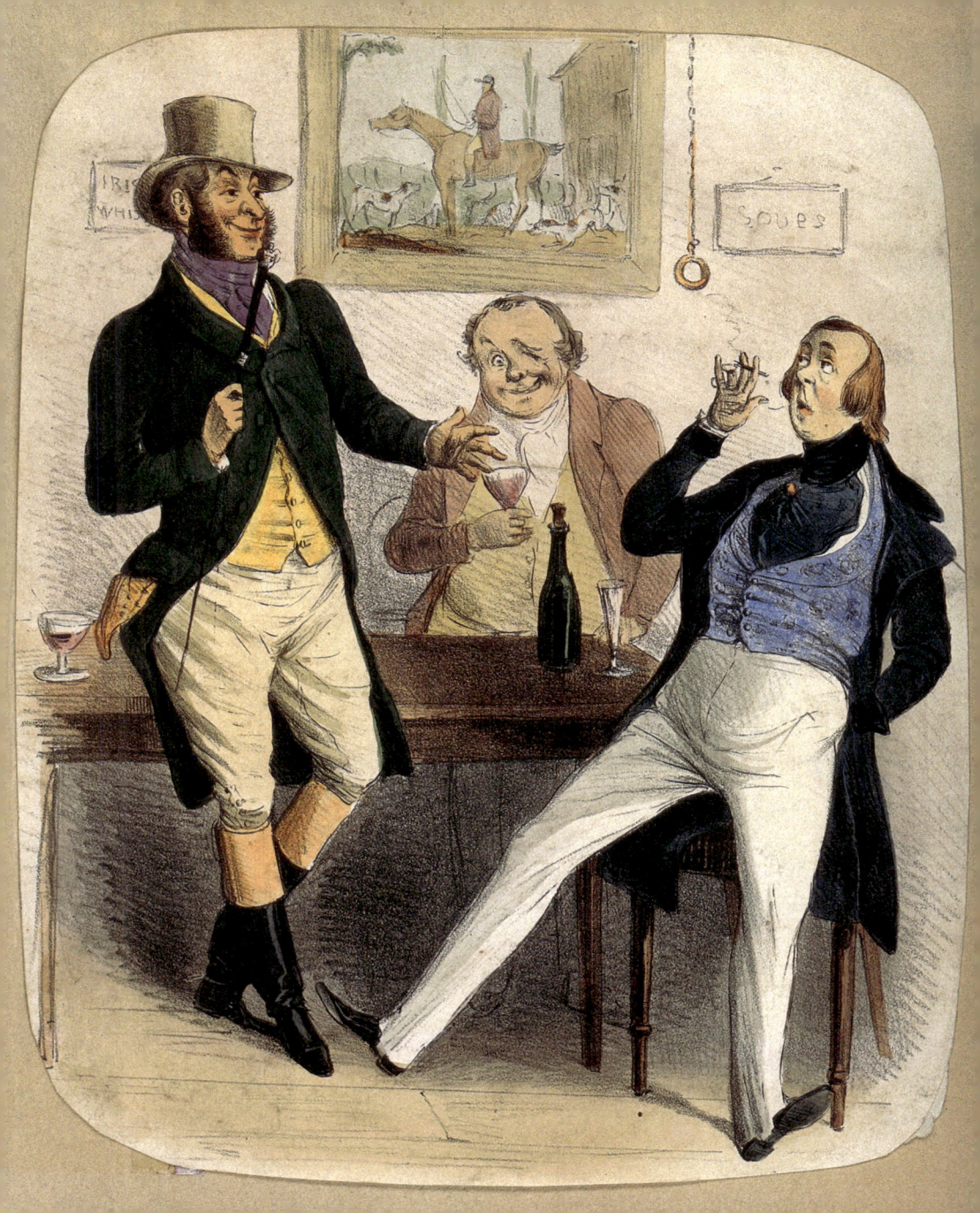

Habit de Cabaretier

8.

TONIC SPRITZ

9.

WHISKY TONIC

Wer die Kombination von Wein und Tonic Water für zu gewagt hält, sollte daran denken, wie gut Wein und Limonade in einer Sangría harmonieren. Dieses Rezept erinnert an frühe Fieberkuren mit in Wein gelöster gemahlener Chinarinde und ergibt einen überraschend erfrischenden Drink. Am besten eignen sich dafür leichte bis mittelkräftige, fruchtige Rotweine wie Syrah oder Tempranillo. Weißweinliebhaber sind hingegen mit einem fruchtigen Sauvignon Blanc aus Neuseeland oder intensiv aromatischem Gewürztraminer aus dem Elsass gut beraten. Oder probieren Sie den Cocktail einmal mit einem fruchtigen Viognier oder Pinot Grigio mit einem Spritzer Holunderblütenlikör wie St. Germain!

♦ 150 ml Rot- oder Weißwein
♦ 150 ml neutrales Tonic Water

Zubereitung: Wein und Tonic Water im Kühlschrank vorkühlen, in einem gekühlten Weinglas mischen und servieren.

1895 empfahlen Anzeigen in den USA Chinin-Whisky als Erkältungsmittel: Dieser sei *»angenehm zu trinken, da der bittere Chinin-Geschmack überdeckt wird. Er ist stets ein großer Erfolg!«* Am besten zum Tonic passt ein milder Whisky mit Zitrusnoten wie der elegant-komplexe Glenmorangie oder der Glenkinchie mit zarten Anklängen an würzigen Ingwer. Für die Wirkung dieses Cocktails als Erkältungsmittel lässt sich jedoch keine Gewähr geben!

♦ Eiswürfel
♦ 50 ml milder Whisky
♦ neutrales Tonic Water

Zubereitung: Eiswürfel in einen Tumbler geben. Whisky darübergießen, mit Tonic Water auffüllen und servieren.

Rechts: Anzeige aus der *Pacific Wine and Spirit Review*, San Francisco (1895)

Gegenüber: Satirische Darstellung eines Gastwirts mit Weinflaschen und Trauben (um 1660), Wellcome Collection

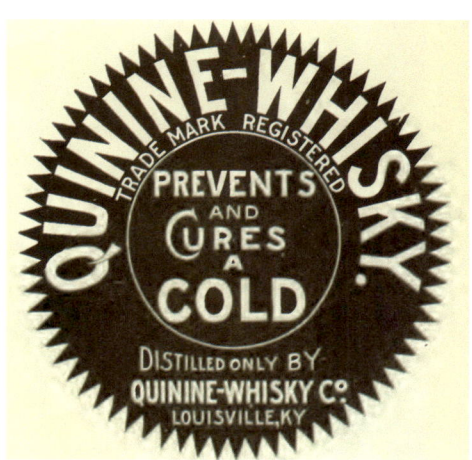

10.

TONIC-MOCKTAILS

KLASSISCHER TONIC-MOCKTAIL

Tonic Water gehörte zu den Lieblingsgetränken der Abstinenzbewegung: Herb und erfrischend verband es Gesundheit mit Genuss und ließ sich mit fruchtigen Sirupen mischen. Hier ist Tonic Water die krönende Zutat im Mocktail. Denn auch heute verzichten immer mehr Menschen auf Alkohol.

- ◆ Eiswürfel
- ◆ 1 frischer Zweig Thymian oder Rosmarin
- ◆ 1 Grapefruitzeste
- ◆ 150 ml Tonic Water

Zubereitung: Eiswürfel in einen Tumbler geben. Thymian oder Rosmarin und Grapefruitzeste leicht andrücken und zugeben. Tonic Water langsam darübergießen, umrühren und servieren.

ZUTATEN FÜR EIGENE MOCKTAIL-VARIANTEN

- ◆ frisch gepresster Zitronen-, Limetten- oder Orangensaft
- ◆ zerdrückte Erdbeeren und 1 Prise schwarzer Pfeffer
- ◆ 1 Lavendelzweig
- ◆ Ingwer und Rosmarin
- ◆ Rosmarin und Wacholderbeeren
- ◆ Rosenblütenblätter und Wacholderbeeren
- ◆ Holunderblütensirup

GRAPEFRUIT & TONIC

Bei dieser Mocktail-Version des klassischen Gin Tonic ersetzen Wacholderbeeren den Gin und ein Grapefruittwist rundet sie ab.

- ◆ 5 Wacholderbeeren
- ◆ 1 Grapefruittwist
- ◆ Eiswürfel, 150 ml Tonic Water

Zubereitung: Wacholderbeeren und Grapefruittwist in einen Tumbler geben und leicht andrücken. Eiswürfel und Tonic Water zugeben und servieren.

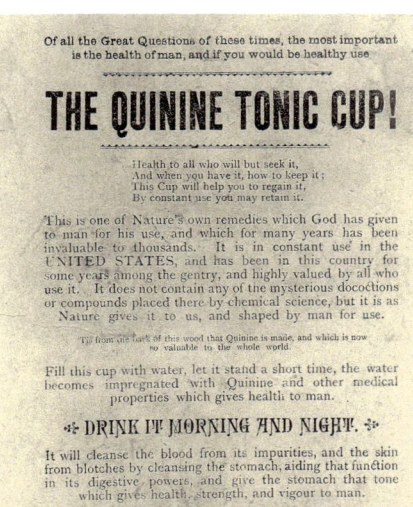

Rechts: Werbezettel für einen »Chinin-Becher« (Ende 19. Jahrhundert), Wellcome Collection

Reliable Quinine

For the treatment of malaria.
Of exceptional purity and alkaloidal value.

TRADE MARK ' **TABLOID** ' BRAND

Quinine Bisulphate

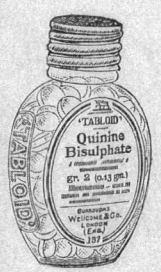

Famed throughout the world for its purity, accuracy, convenience and palatability.

Supplied as follows: gr. 1/2, in bottles of 50 and 100; gr. 1, in bottles of 36 and 100; gr. 2, gr. 3, gr. 4, gr. 5, gr. 10, 0·1 gm., 0·25 gm. and 0·5 gm., in bottles of 25 and 100. Issued *plain* or *sugar-coated*, except gr. 10 and 0·5 gm., which are *plain* only.

TRADE MARK ' **WELLCOME** ' BRAND

Quinine Sulphate

Attains a much higher standard of purity than required by the British Pharmacopœia.

Supplied in "Compact Crystals" and "Large Flake" (the ordinary form), both being identical in composition.

Issued in bottles and tins of convenient sizes.

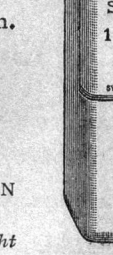

Prices and supplies of all B. W. & Co.'s fine Quinine Products obtainable of Pharmacists in all parts of the world.

 BURROUGHS WELLCOME & CO., LONDON

NEW YORK   MONTREAL   SYDNEY   CAPE TOWN
MILAN   SHANGHAI   *Copyright*

XX 190

LITERATURHINWEISE

1. CINCHONA: DER HEILKRÄFTIGE CHINARINDENBAUM

Andersson, Lennart: A Revision of the Genus *Cinchona* (Rubiaceae–Cinchoneae), *Memoirs of the New York Botanical Garden* Nr. 80, New York: The New York Botanical Garden Press, 1998

de Blégny, Nicolas: *The English Remedy, or, Talbor's Wonderful Secret for Cureing Agues and Feavers*, London: J. Wallis, 1682

Bruce-Chwatt, Leonard J. u. a. (Hg.): *Chemotherapy of Malaria*, Genf: World Health Organization, 1986

Crawford, Matthew J.: *Andean Wonder Drug: Cinchona Bark and Imperial Science in the Spanish Atlantic, 1630–1800*, Pittsburgh: University of Pittsburgh Press, 2016

Haggis, Alec W.: Fundamental errors in the early history of *Cinchona*, in: *Bulletin of the History of Medicine*, Jg. 10, Nr. 3, 1941, S. 417–459 und Jg. 10, Nr. 4, 1941, S. 568–592

Honigsbaum, Mark: *The Fever Trail: the Hunt for the Cure for Malaria*, London: Macmillan, 2001

Jaramillo-Arango, Jaime: A critical review of the basic facts in the history of Cinchona. *Botanical Journal of the Linnean Society*, Jg. 53, 1949, S. 272–311

Keeble, Thomas W.: A cure for the ague: the contribution of Robert Talbor (1642–1681), in: *Journal of the Royal Society of Medicine*, Jg. 90, 1997, S. 285–290

Maehle, Andreas H.: *Drugs on Trial: Experimental Pharmacology and Therapeutic Innovation in the Eighteenth Century*, Amsterdam: Rodopi, 1999

Pinault, Lauren L. und Hunter, Fiona F.: Malaria in highlands of Ecuador since 1900, in: *Emerging Infectious Diseases*, Jg. 18, 2012, S. 615–622

Robertson, Robert: *Observations on Jail, Hospital, or Ship Fever*, Neuausgabe, London: Selbstverlag, 1789

Rocco, Fiammetta: *The Miraculous Fever-Tree: Malaria, Medicine and the Cure that Changed the World*, London: Element, 2010

Wallis, Patrick: Exotic drugs and English medicine: England's drug trade, c.1550–c.1800, in: *Social History of Medicine*, Jg. 25, 2012, S. 20–46

Webb, James L. A.: *Humanity's Burden*, Cambridge: Cambridge University Press, 2008

2. FIEBER UND WECHSELFIEBER

Chin, T. und Welsby, Philip D.: Malaria in the UK: past, present, and future, in: *Postgraduate Medical Journal*, Jg. 80, 2004, S. 663–666

Cox, Francis: History of the discovery of the malaria parasites and their vectors, in: *Parasites & Vectors*, Jg. 3, 2010, S. 5

Gachelin, Gabriel u. a.: Evaluating *Cinchona* bark and quinine for treating and preventing malaria, in: *Journal of the Royal Society of Medicine*, Jg. 110, Nr. 1, 2017, S. 31–40 und Jg. 110, Nr. 2, 2017, S. 73–82

Howell, Jessica: *Malaria and Victorian Fictions of Empire*, Cambridge: Cambridge University Press, 2019

Hsu, Elisabeth: Reflections on the 'discovery' of the antimalarial qinghao, in: *British Journal of Clinical Pharmacology*, Jg. 61, 2006, S. 666–670

Institute of Medicine: *Saving Lives, Buying Time: Economics of Malaria Drugs in an Age of Resistance*, Washington, D.C.: National Academies Press, 2004

Jarcho, Saul: *Quinine's Predecessor: Francesco Torti and the Early History of*

Cinchona, Baltimore: Johns Hopkins University Press, 1993

Karlen, Amo: *Man and Microbes: Disease and Plagues in History and Modern Times*, New York: Simon and Schuster, 1996

Kuhn, Katrin G. u. a.: Malaria in Britain: past, present, and future, in: *Proceedings of the National Academy of Sciences*, Jg. 100, 2003, S. 9997–10001

Loy, Dorothy E. u. a.: Out of Africa: Origins and evolution of the human malaria parasites *Plasmodium falciparum* and *Plasmodium vivax*, in: *International Journal for Parasitology*, Jg. 47, 2017, S. 87–97

Marcus, Bernard A. und Babcock, Hilary: *Deadly Diseases and Epidemics: Malaria*, 2. Auflage, New York: Chelsea House, 2009

Poinar Jr., George: Palaeoecological perspectives in Dominican amber, in: *Annales de la Société Entomologique de France*, Jg. 46, 2010, S. 23–52.

Sallares, Robert: *Malaria and Rome: A History of Malaria in Ancient Italy*, Oxford: Oxford University Press, 2002

Sherman, Irwin W.: *Magic Bullets to Conquer Malaria: from Quinine to Qinghaosu*; Washington, D.C.: American Society for Microbiology, 2011

Willcox, Merlin, Bodeker, Gerard und Rasoanaivo, Philippe (Hg.): *Traditional Medicinal Plants and Malaria*, Boca Raton, FL: CRC Press, 2004

World Malaria Report 2018, Genf: World Health Organization, 2018

3. PLANTAGEN UND POLITIK

Ainslie, Whitelaw: *Materia Medica of Hindoostan*, Madras: Government Press, 1813

Brockway, Lucile H.: *Science and Colonial Expansion: the Role of the British Royal Botanic Gardens*, New Haven, CT: Yale University Press, 1979

Headrick, Daniel R.: The tools of imperialism: Technology and the expansion of European colonial empires in the nineteenth century, in: *Journal of Modern History*, Jg. 51, 1979, S. 231–263

Howard, John E.: *Illustrations of the Nueva Quinologia of Pavon*, London: Lovell Reeve, 1862

Howard, John E.: *The Quinology of the East Indian Plantations*, London: Lovell Reeve, 1869

Keogh, Luke: The Wardian Case: Environmental histories of a box for moving plants, in: *Environment and History*, Jg. 25, 2019, S. 219–244

Markham, Clements R.: *Travels in Peru and India while Superintending the Collection of Cinchona Plants and Seeds in South America, and their Introduction into India*, London: John Murray, 1862

Roersch van der Hoogte, Arjo und Pieters, Toine: Science in the service of colonial agro-industrialism: the case of *Cinchona* cultivation in the Dutch and British East Indies, 1852–1900; in: *Studies in History and Philosophy of Biological and Biomedical Sciences*, Jg. 47, 2014, S. 12–22

Roersch van der Hoogte, Arjo und Pieters, Toine: Science, industry and the colonial state: a shift from a German- to a Dutch-controlled *Cinchona* and quinine cartel (1880–1920); in: *History and Technology*, Jg. 31, 2015, S. 2–36

Roy, Rohan Deb: *Malarial Subjects: Empire, Medicine and Nonhumans in British India, 1820–1909*, Cambridge: Cambridge University Press, 2017

Veale, Lucy: An Historical Geography of the Nilgiri *Cinchona* Plantations, 1860–1900; Dissertation, Universität Nottingham, 2010

de Vriese, Willem H.: *De kina boom uit zuid Amerika overgebragt naar Java, onder de regering van Konig Willem III.*, Den Haag: C. W. Mieling, 1855

Ward, Nathaniel B.: *On the Growth of Plants in Closely Glazed Cases*, London: John Van Voorst, 1852

Williams, Donovan: Clements Robert Markham and the introduction of the

Cinchona tree into British India, 1861; in: *Geographical Journal*, Jg. 128, 1962, S. 431–442

4. SPRITZIG-FRISCH: DIE GESCHICHTE DES SODAWASSERS

Austerfield, Peter: Dr Phlogiston, the 'honest heretic'; in: *New Scientist*, 1983 (24. März), S. 812–814

Brownrigg, William: An experimental enquiry into the mineral elastic spirit, or air, contained in spa water; as well as into the mephitic qualities of this spirit; in: *Philosophical Transactions of the Royal Society*, Jg. 55, 1765, S. 218–243

Campbell, W.A.: Joseph Priestley's soda water, in: *Endeavour*, Jg. 7, 1983, S. 141–143

Donovan, Tristan: *Fizz: How Soda Shook up the World*, Chicago: Chicago Review Press, 2013

Emmins, Colin: *Soft Drinks: Their Origins and History*, Princes Risborough: Shire, 1991

Götti, Robert P., Melzer, Jörg und Saller, Reinhard: An approach to the concept of tonic: suggested definitions and historical aspects, in: *Complementary Medicine Research*, Jg. 21, 2014, S. 413–417

Hughes, R.: James Lind and the cure of scurvy: an experimental approach, in: *Medical History*, Jg. 19, 1975, S. 342–351

Kiple, Kenneth F. und Ornelas, Kriemhild C.: *Cambridge World History of Food*, Cambridge: Cambridge University Press, 2000

Petraccia, Luisa: Water, mineral waters and health; in: *Clinical Nutrition*, Jg. 25, 2006, S. 377–385

Priestley, Joseph: *Directions for Impregnating Water with Fixed Air: in Order to Communicate to it the Peculiar Spirit and Virtues of Pyrmont Water, and other Mineral Waters of a Similar Nature*, London: J. Johnson, 1772

Riley, John J.: *A History of the American Soft Drink Industry 1807–1957*; Washington, D.C.: American Bottlers of Carbonated Beverages, 1958

Salzman, James: *Drinking Water: a History*, London: Duckworth, 2012

Simmons, Douglas A.: *Schweppes: the First 200 Years*, London: Springwood, 1983

Talbot, Olive: The evolution of glass bottles for carbonated drinks, in: *Post-Medieval Archaeology*, Jg. 8, 1974, S. 29–62

van Tubergen, A. und van der Linden, S.: A brief history of spa therapy, in: *Annals of the Rheumatic Diseases*, Jg. 61, 2002, S. 273–275

5. FRÜHE MIXOLOGIE: TONIC MIT WEIN, WASSER UND GIN

Ball, Ruth: *Rough Spirits and High Society: the Culture of Drink*, London: British Library, 2017

Black, Rachel (Hg.): *Alcohol in Popular Culture*, Santa Barbara, CA: Greenwood, 2010

Bowden-Dan, Jane: Diet, dirt and discipline: medical developments in Nelson's Navy. Dr John Snipe's contribution; in: *Mariner's Mirror*, Jg. 90, 2004, S. 260–272

Hands, Thora: *Drinking in Victorian and Edwardian Britain: beyond the Spectre of the Drunkard*, Cham, Schweiz: Palgrave McMillan, 2018

Holt, Mack P. (Hg.): *Alcohol: a Social and Cultural History*, Oxford: Berg, 2006

Phillips, Rod: *Alcohol: a History*, Chapel Hill, NC: University of North Carolina Press, 2014

Royal Botanic Gardens, Kew: *Kew Gardens – Tees, Tonics & Cocktails*; Hildesheim: Gerstenberg Verlag, 2017

Stewart, Amy: *The Drunken Botanist*, Chapel Hill, NC: Algonquin, 2013

Warner, Jessica: *Craze: Gin and Debauchery in an Age of Reason*, London: Profile, 2002

6. DIE URSPRÜNGE VON GIN TONIC

Burnett, John: *Liquid Pleasures: a Social History of Drinks in Modern Britain*, London: Routledge, 1999

David, Elizabeth: *Harvest of the Cold Months: the Social History of Ice and Ices*, London: Faber & Faber, 2011

Henderson, James: *Shanghai Hygiene, Or, Hints for the Preservation of Health in China*, Shanghai: Presbyterian Mission Press, 1863

Meyer, Christian G., Marks, Florian und May, Jürgen: Editorial: Gin Tonic revisited, in: *Tropical Medicine and International Health*, Jg. 9, 2004, S. 1239–1240

Moore, William J.: *A Manual of Family Medicine and Hygiene for India*, 5. Auflage, London: Churchill, 1889

Pack, James: *Nelson's Blood: the Story of Naval Rum*, Annapolis: Naval Institute Press, 1983

Rees, Jonathan: *Refrigeration Nation: a History of Ice, Appliances, and Enterprise in America*, Baltimore: Johns Hopkins University Press, 2013

Royal Commission on the Sanitary State of the Army in India, Bd. 2, Anhang, London: HMSO, 1863

Thomas, Jerry: *How to Mix Drinks, Or, the Bon-Vivant's Companion*, New York: Dick & Fitzgerald, 1862

7. AUFSTIEG, FALL UND REVIVAL VON GIN TONIC

Ashby, Maurice: British Empire drug production, in: *Journal of the Royal Society of Arts*, Jg. 90, 1942, S. 138–151

Barnett, Richard: *The Book of Gin*, New York: Grove, 2011

Cheever, Susan: *Drinking in America: our Secret History*, New York: Twelve, 2015

Ehmer, Kerstin und Hindermann, Beate: *The School of Sophisticated Drinking*, Vancouver: Greystone, 2015

English, Camper: *Tonic Water AKA G&T WTF*, Kindle eBook, 2016

Estes, J. Worth: The pharmacology of nineteenth-century patent medicines, in: *Pharmacy in History*, Jg. 30, 1988, S. 3–18

Gately, Iain: *Drink: a Cultural History of Alcohol*, New York: Gotham, 2011

Helstosky, Carol (Hg.): *The Routledge History of Food*, Abingdon: Routledge, 2014

Jeffreys, Henry: *Empire of Booze*, London: Unbound, 2016

Nicholls, James: *The Politics of Alcohol: a History of the Drink Question in England*, Manchester: Manchester University Press, 2009

Ocejo, Richard E.: What'll it be? Cocktail bartenders and the redefinition of service in the creative economy, in: *City, Culture and Society*, Jg. 1, 2010, S. 179–184

Office for National Statistics: *Adult Drinking Habits in Great Britain: 2017*, Newport: ONS, 2018

Smith, Andrew F.: *Drinking History: Fifteen Turning Points in the Making of American Beverages*, New York: Columbia University Press, 2014

Solmonson, Lesley J.: *Gin: a Global History*, London: Reaktion, 2012

Werbung für Quinquina Dubonnet, Jules Chéret (1895), Victoria and Albert Museum, London

REGISTER

ÜBER DIE AUTOREN

KIM WALKER studierte Phytopharmazie und hat sich auf die Geschichte pflanzlicher Arzneimittel spezialisiert. Derzeit arbeitet sie bei den Royal Botanic Gardens (Kew) und am Royal Holloway College (Universität London) an einer Doktorarbeit über *Cinchona*. Sie ist Ausschussmitglied des Herbal History Research Network und der British Society for the History of Pharmacy sowie Mitglied der Association of Foragers. Walker ist Mitautorin der Bücher *The Handmade Apothecary* (Kyle Books, 2017) und *The Herbal Remedy Handbook* (Kyle Books, 2019).

MARK NESBITT kuratiert die wirtschaftsbotanische Sammlung der Royal Botanic Gardens in Kew. Schwerpunkte seiner Forschung sind Botanik und britisches Empire im 19. Jahrhundert sowie die Geschichte und aktuelle Bedeutung botanischer Sammlungen. Er ist Co-Autor der Bücher *Curating Biocultural Collections* (Kew Publishing, 2014) und *The Botanical Treasury* (André Deutsch, 2016). Nesbitt ist Gastprofessor am Institut für Geografie des Royal Holloway College (Universität London).

BILDNACHWEIS

Es wurden sämtliche Anstrengungen unternommen, um die Quelle bzw. den Urheberrechtsinhaber der verwendeten Abbildungen korrekt zu nennen und zu kontaktieren. Für alle unbeabsichtigten Irrtümer oder Unterlassungen in dieser Aufzählung möchten wir uns entschuldigen. Bitte melden Sie uns diese, und wir werden in der nächsten Ausgabe dieses Buches die entsprechende Korrektur vornehmen.